走りながら考える男

福嶋進 世界一を目指す

高木書房

はじめに

「世界一」

何と大きな思いがこもる言葉だろうか。

縁あって、株式会社ベストバイの経営計画書をお送りいただいた。それを見た瞬間、目に飛び込んできたのが「世界一」だった。

同時に、「そうか、全ては思いから始まるのか」とも思った。

しかし「世界一」を宣言するなど、誰もがそう簡単にできることではない。

福嶋進社長はそれをやってのけている。

そのエネルギーはどこからくるのだろうか。

凄い人だ……。

福嶋社長という人物に大いなる興味が湧いてきた。

「人づくり、国づくり」をテーマに出版活動をしている私は、福嶋社長を描いてみたくなった。

あたって砕けろ！　手紙を書いた。

「私に福嶋社長の本を作らせてください」

「本を作るお話し驚きと同時に嬉しく思いました。自分の事を他の人が書いたらどう描くのか興味があります。楽しみです。」

という返事を頂いた。


福嶋社長に初めてお会いしたのは、新潟県五泉市にある咲花温泉「望川閣」であった。

平成二十四年三月、近藤建塾長が主宰する武心教育経営塾に筆者自身が初めて参加したときのことである。

そして平成二十五年三月、再び同じ塾でお会いした。しかも同室だった。

福嶋社長から、入学したばかりの大学を辞め、アメリカに行ったときの話を少しだけ聞いた。まるで隣の家に行ってきたという感じである。

朝になると「毎日走っているものですから」と部屋を出ていった。

研修のときも休まず走るという。

私は、ただただ感心するばかり。

講義のなかで、経営計画書の話があった。

「ベストバイの経営計画書は、コンパクトで、しかも要点が明確に記載されている」

近藤塾長がそう説明したあと、

「外に出すべきものではないが、大変参考になる。できることなら参加者に見せてやって欲しい」と福嶋社長にお願いした。

それで筆者にも送っていただいたのが「世界一」の言葉があるベストバイ二〇一三年度の経営計画書だった。


世界一をめざす福嶋社長の行動の原点は何か。

福嶋社長の揺るぎない信念と成長。

本書では「人間、福嶋進」をとことん探ってみた。

福嶋社長とベストバイの発展に、わずかでも寄与できれば幸いである。

斎藤信二

目次

第六章 福嶋進の生き方を探る

第八章　ベストバイ経営思想の実践とこれからの十年

第一章　ベストバイ創業から三六五〇日を迎えて

感謝の言葉しか思い浮かんでこない

株式会社ベストバイは、平成二十五（二〇一三）年五月二十二日、創業十周年記念行事として、全社員会と謝恩パーティをスイスホテル南海大阪で開催した。本づくりの参考になるということで、私もお招きいただいた。

会場に入ると、正面に「全社員会」という大きな文字があった。記念すべき式典の司会進行役は、春に入社したばかりの男女二人の社員、実践体験こそ人間成長の良きチャンスと捉えてのことだろう。

午前九時ちょうどに開会の挨拶があり、毎日かかさず全社、全店舗で実施している朝礼を行い、福嶋社長の訓示に入った。

「今日は、ちょうど十年、三六五〇日ということになっています。僕個人の生まれ、どのように生きてきたか、最近、話す機会が少なくなっていましたので、簡単に申し上げます。

僕の生まれは愛媛県の大三島です。瀬戸内海に浮かぶ本当に小さい島です。

両親はそこでみかん農家をやっておりました。そこの三番目で生まれました。上に兄、姉がいます」

こう前置きして、アメリカでの体験や帰国後に始めた福嶋屋のこと、そして株式会社ベストバイの立ち上げと十年の歩み、これからの十年の展望へと話が進んでいった。

最後の方に、とても心に感じる言葉があった。

「この日を迎えるにあたって、いろいろと考えておりました。

感謝という言葉が、ずっと思い浮かんできました。

あのとき、こういう人に助けられたな。

こういう出会いがあったから、ここまで来ることができた。

ラッキーだった。

有難かった。

そう思うと本当に感謝しか言葉が思い浮かんでこないんです」

言葉だけをとらえれば、とりたてて特別というものではない。日常、誰でも普通に使っているし、聞きなれている。

しかし私には、福嶋社長の話がなにか爽やかで純粋、本当に心から発している言葉と感じられたのである。

十周年記念に来賓として出席されていた船井総合研究所の福本晃氏は、来賓挨拶の中で、ご自分の三大恩人の一人として福嶋社長の名前を挙げ、船井総研創業者である船井幸雄会長の「伸びる経営者の三条件」を紹介した。
・素直
・プラス発想
・勉強好き
である。

アメリカ行きの話を初めて聞いた時も感じたのであるが、福嶋社長の話し方は、全く自然なのである。気張ったり、力んだり、ことさら強調している感じがない。

「素直な人なんだ」

それが福嶋社長をどんどん成長させていると思うと、ますます福嶋社長の行動の原点は何かを知りたくなった。

素直だけではない、ベストバイの成長は福嶋社長が「伸びる経営者の三条件」を全て満たしているからこその証と言えるのだ。

こうして書きながら、私の頭には福嶋社長の姿が思い浮かんでくる。飛行機が滑走路から離陸しぐんぐん上昇しているように、福嶋社長が上昇している姿である。同時に離陸する前の滑走路を走り続ける姿も思い浮かぶ。滑走路でどんな人生があったのか、その体験の幾つかはこの先に出てくるが、ここで間違いなく言えることは、福嶋社長は滑走路での細かな体験の一つ一つを貴重な学びとし、離陸の推進力としていることである。

もし途中で学びをあきらめていたら、今の福嶋社長は存在しない。今の体験を次のステップに生かしていく。どうも福嶋社長は、その名人のようだ。

走りながら考える男

ほんの短い接点しかない時点でも、福嶋社長に感じたのは、とにかく行動が速いことである。決断が速い。「止まらず行動をし続ける人」だ。

ベストバイ鉄板ルールの中に、

一、迷ったらGO！
一、返事は0.2秒
というのがある。福嶋社長の思いを、そのまま表現しているようだ。

そう思うと、ベストバイという会社は、福嶋社長の思い（願い）を具現化しているように思う。

もっと単純に言えば、福嶋社長は、自分のやりたいことを、やりたいようにやっているようにさえ思える。

……人生、そのように生きられたら最高ではあるが、なかなか現実は……

もちろん福嶋社長は自分勝手で、好き放題で生きているということではない。

日々勉強し、体験し、強く願い、自分は何をなすべきなのかを考えている。すると自然に体が動いていく。アイデァが思い浮かんでくる。

福嶋社長の動きや発言に気張ったところがないのは、そういう内から湧き出てくる思いに素直に従っているからではないだろうか。

その福嶋社長の行動哲学ともいうべき言葉を、ご自身の名刺に記している。

「走りながら考える男」

である。

まさに言い得て妙である。お付き合いをすると、本当にそれを実感する。

十周年の記念誌『感動、感激、感謝の三六五〇日』(平成二十五年五月二十二日発行)を見ると、平成十八（二〇〇六）年十月、ブランド&ジュエリー買取専門店「キングラム」を十三店開店した時に「新事業挑戦」を決意する言葉として生まれたと記している。

株式会社ベストバイを設立してから三年半、ベストバイが大きく飛躍することを確信し、福嶋社長がまた一歩前進するきっかけとなった時と思われる。

では、なぜ「走りながら」なのだろうか。一般的には「動きながら考える」というのが普通と思うからである。

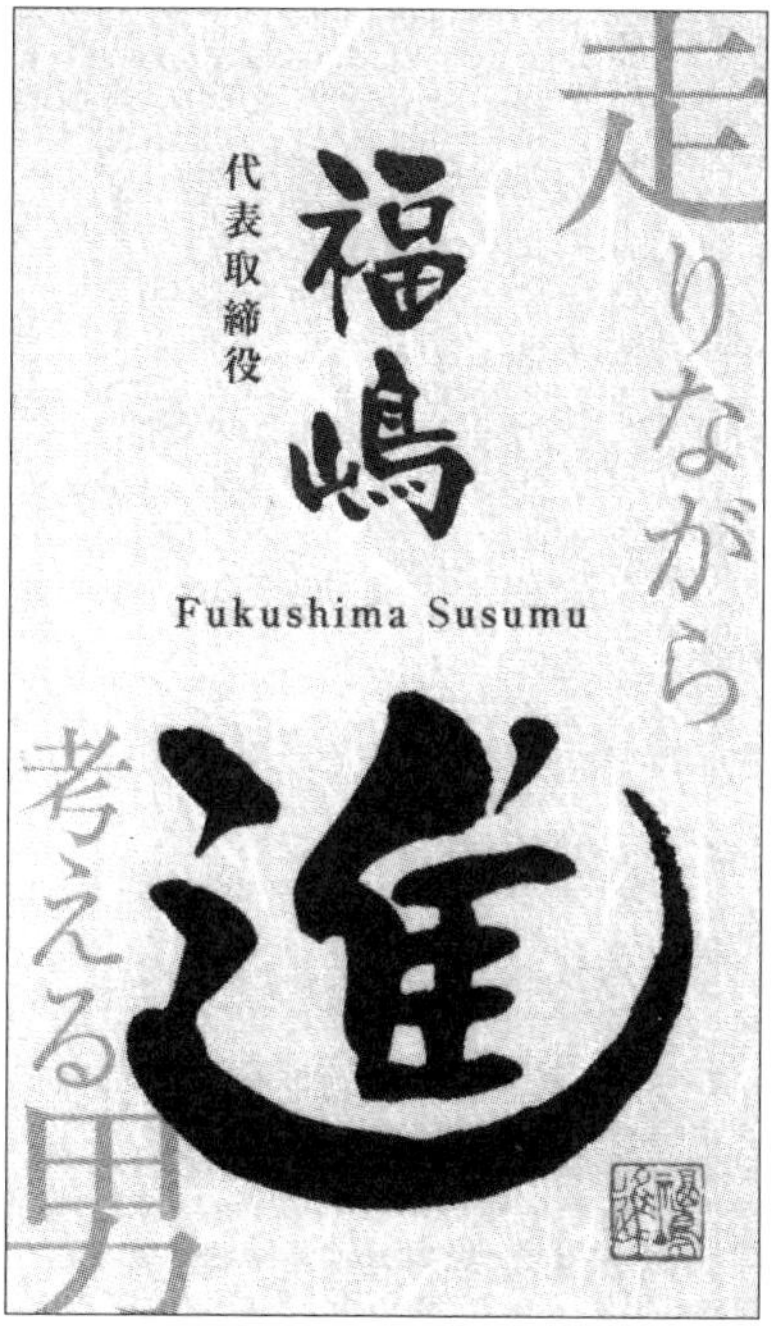

福嶋社長の名刺　表

——福嶋社長は、せっかちなのだろうか——

それとも、この時すでに「上場」を決意し、走らなければ間に合わないと思ったのだろうか。

いずれにしても現在は、間違いなく「上場」と「世界一」をめざして走っている。

福嶋社長の名刺　裏
(平成25年10月現在)

とは言え「走りながら」となれば、時には拙速にならないだろうか。そういう場合のリスクは考えないのであろうかとの疑問が湧く。

そんな時、福嶋社長が毎日書いている「今朝のひと言」が目に入った。

「今朝のひと言」とは、福嶋社長が二〇〇五（平成十七）年二月三日から社員向けに書き始めたメッセージである。全社で毎日朝礼時に読み上げ、一日をスタートさせている。すでに七年七ヵ月以上(平成二十五年十月現在)、一日も休まず続けている。

★　**社長・福嶋の、今朝のひと言!!**　★

VOL. 2649　6月6日（木）

お元気様です！　**『改めて鉄板ルール』**

「迷ったらGO！」鉄板ルールの一番目。「新しいことに挑戦する」「はじめの一歩をふみ出す」、こんな時に、あれこれ考えるのは当たり前。考えて考えて、あれこれ迷う。誰もがそうだし、そうすることも大切なこと。しかしここから人は二手に分かれる。一人は、失敗を恐れて躊躇する。結局行動を起こさない。行動を起こさなければ失敗もないし、大きく傷つくこともないから。そしてあと一人は、ポジティブに前向きに考える。考えても考えても迷いは付きまとう。失敗した時のことも、成功した時のことも頭をよぎる。だったら「GOしよう！」、決めて行動に移す。やってみなければ分からないことも多いから。マイペース、ネガティブ思考、不安発言、それらすべて禁止して「迷ったらGO！」

関連で、もう一つ紹介しよう。

★　**社長・福嶋の、今朝のひと言!!**　★

VOL. 2667　6月24日（月）

お元気様です！　**『迷ったらGO！』**

仕事とは、「教えられたことを教えられた通りにすることではない。教えられたことに、自分の工夫を加え進化させながらやることである。」我々は、仕事上で真剣に考え、トライして失敗しても「ナイストライ」と褒められこそすれ、おとがめはない。「楽しんで、挑戦して失敗する方が、退屈しながら無難に成功するよりいい」という考え方が僕の根底にあるから。これを社内に広める言葉が「迷ったらGO！」です。ものごとは、失敗したところでやめてしまうから失敗になる。成功するところまで続ければ、それは経験になる。松下幸之助や本田宗一郎、その他の多くの先人達からそう学びました。「二度と失敗はしない」よりも、「二度目の失敗からも最大限のものを学びとる」のほうがもっと良い。

なんと積極的な、行動的な言葉だろう。「トライして失敗しても『ナイストライ』と褒められこそすれ、おとがめはない」というのである。

「拙速のための、リスクは考えないのか」という疑問は、「失敗を恐れて、もともと行動したくない人」や、何かをやろうとする時に「できない、やらない理由を見つけている人」の言い訳事に過ぎなかった。

ベストバイは、そんな低い次元に留まってはいないのだ。

ベストバイ「スマイルビジネス」の原点

「スマイル」と言えば、これまた普通に使われている言葉である。

スマイルを社名に付している社長に、ある会合でお会いしたので聞いてみた。

「どうしてスマイルを社名に付けたのですか」

「何においてもスマイルが大事ですから」

との答えを聞いて「笑顔は大事」程度の理解で終わっていた。

それと同じ質問を福嶋社長にもしてみることにした。


株式会社ベストバイは、リサイクル事業を核として「スマイルビジネス」を展開しています。


と名刺の裏に記してあったからである（二十ページの名詞は現在使用のものです）。

「走りながら考える男」と同様に、わざわざ名刺に記しているのは、何か特別な理由があるはずだと思ったのである。

スマイルビジネスを表紙に記している
2013 年度ベストバイ経営計画書

福嶋社長一大転機になった三十五歳の出来事

スマイルビジネスの原点は福嶋屋時代の出来事から

（福嶋社長のお話しです。）福嶋屋の店舗が拡大する中で、なぜスマイルビジネスかというのは、実はベストバイをつくる前の福嶋屋に戻ります。

二十代後半から自分で福嶋屋という店を始めて、一個一個店を増やしていっており、正直言って自分のために仕事をしていました。金儲けも自分のためで、働いている人たちには僕が幸せになるために働いてもらっていたんです。

君たちには給料を払っているだろう、みたいな感覚ですね。

僕の幸せはすごい気にしていたけれども、パートさんの幸せとかは全く僕の眼中にはなかったんです。

三店舗、四店舗、五店舗になると、これら店舗を管理する人間が必要になってきて、社員として採用していたんです。

しかし、入っては十ヵ月か一年で辞め、また誰か入っては辞め、そのうち十店舗くらいになって、男の子が三人か四人必要になっていたんです。でも長く続かない。

その中で僕より三つほど下の男の子が、結構長く続いていて、彼はすごい真面目な子で、僕は信頼をおいていましたし、彼には他の社員よりもたくさんの給料を渡していたんです。

その代わりいろんな責任も持ってもらっていて、金庫の鍵も彼に預け、全店舗の鍵も彼には持たせていたんです。

彼も他の人よりは給料をたくさんもらっているという思いもあって、社長からの信頼を受けているとの思いを持っていると、僕は思っていたんです。

でも正直僕の中では、彼にはたくさん給料を渡しているし、「一所懸命仕事をしろよ」という思いだけが強くて、彼の将来の幸せとか彼の生活がよくなるみたいなことは、僕の頭の中にはなかったんです。

思っていたのは、自分の幸せとか、金儲けのことだけでした。

毎朝、事務所で「今日の打ち合わせ」をすることにしていましたので、僕は八時前に入って、彼が八時過ぎに来て打ち合わせをするということをやっていました。

ちょうど僕が三十五歳のある日のこと、彼が朝事務所に来て、店の鍵の束と金庫の鍵とポケットベルを全部机の上にポンと置いて、「お世話になりました」とだけ言って帰っていったんです。

本当に、ある日突然に、です。僕、全く気がつかなかったんです。

「なんや、これ。裏切るような行為をしやがって」

と思って彼に対する腹立たしさしか出てこない。

それから一年以上経っても「あいつは」と思って、何回連絡しても連絡が取れない。実はいまだに取れないんです。今彼がどうしているか全くわかりません。住む所も変わってしまっている。

彼の幸せを考えたことがあっただろうか

それから一年半経った頃から、じわじわとわかってきたのが、自分の利己的すぎるところだったんです。それまでは、それが当たり前と思っていたんです。

三十五歳で彼にそういう態度を取られ、一年半も腹立たしさしかなかった自分。あんなにおとなしくて、いい子なのに「何でだろう」と思うようになっていったんです。

もしかしたら……俺は自分のことはずっと考えていたけど、

彼の生活が豊かになったらいいなとか、

彼が幸せになったらいいなとか、

彼は今「元気かな」とかを思ったことがあるかな……とか、を思ったら、いままで全くそういうことがなかった自分に気づいたんです。

ああ、そうだな……と。

それで彼は腹に据えかねたんだろう……と。

彼の心に、たまりにたまってというのがだんだんわかってきたんです。

そりゃあそうだな。自分が逆の立場だったら、腹立つわなと、だんだんわかってきたんです。

仕事をするというのは、社員の幸せというのも考えて、みんなと一緒にやっていかなあかんな、みたいなことを彼が僕に学ばせてくれたんです。

その頃から僕はパートさんに対する関わり方も変わってきました。今までは時給八五〇円払っているんだから、「ちゃんとしろよ」みたいな思いしかなかった自分が、「いやあ、ありがとう」というような思いにだんだんとなってきたんです。

歳も取ってきたというのもあるんですけど……

なぜスマイルビジネスかという仕事の原点を、彼が教えてくれたんです。

その気づきが、僕にとって大きな転機になりました。

今になれば、本当に彼に感謝です。

ベストバイ経営理念の誕生

それがベースにあって、次に新しいことをする時には、これを生かそう思ったんです。

僕はそれまで勉強をしてこなかったので、そこからいろんな本を読み始めたんです。松下幸之助さんの本や論語を読んだりして、「ああ、そうなんだ」という気づきをいっぱい得ながら、僕の頭の中にだんだんと自分の考えができつつある時に、ベストバイを興して、経営理念を作ることになったんです。

ある朝十時くらいに、僕の隣で経理をやっていた男の子が、会社のホームページを作るということで、「社長、今日インタビューに来ますが、うちの経営理念ありますか」と聞いてきたんです。

「そんなものないよ」と言うと、

「昼頃きますから考えておいてくださいよ」というわけです。

ちょうど頭の中に理念らしきものがあったので、言葉が自然に出てきて、本当に二時間くらいで経営理念を作ったんです。

今読んでも、その時の思いが浮かんでくるし、そうだなあと自分でも納得いくものになっています。

現在は「我々は永続的にスマイルビジネスを追求します」として、その時に作った経営理念を今も引き継いでいます。それが次の文章です。

株式会社ベストバイは、常にお客様のスマイルを追求します。

……すべてのシチュエーションにおいて、お客様が常に得をすることを優先します。

株式会社ベストバイは、常に社員と社員の家族のスマイルを追求します。

……社員の向上心を大切にし、家族の満足を追い続けます。

株式会社ベストバイは、循環型消費社会の確立を目指し地域社会にスマイルをもたらす価値再生企業を目指します。

ベストバイ　ロゴマークに込めた想い

経営理念と同じ想いでできたのが、ベストバイのロゴマークである。福嶋社長は、その思いを十周年の全社員会でも話された。

ベストバイのロゴマーク

ベストバイをスタートさせた時に作ったのが、このロゴマークです。

「そこで働く従業員さんが生き生きと躍動するような会社にしたい」

との想いをデザイナーさんに話しました。会社名がベストバイですので、英語の頭文字をとるとＢＢになります。そのＢＢを人が踊るような形で作っていただきました。

福嶋屋を二十年近くやってきまして、大きく自分の中で学んできたのは、働いている従業員さんが生き生き躍動していない組織はうまくいかないということだったのです。

もともと俺が俺がでスターとした福嶋屋だったのですが、やっているうちに自分一人では何もできないことが身に染みてわかり、従業員さんと一緒に働いて従業員さんが生き生き躍動することによって経営ができるということを学ばせてもらいました。

そのような経験からスマイルビジネスをベストバイの理念に掲げ、その理念を凝縮して形にしたのがベストバイのロゴマークです。ベストバイに携わるすべての人に躍動してほしいという想いをモチーフにしたものです。

スマイルに溢れた創業十周年記念謝恩パーティ

創業十周年記念行事の一つ全社員会のあと、午後からは謝恩パーティが開かれた。

「あれ、こんなに人が多かったのかな」

宴会場に入ると、全社員会の時の人数よりかなり多くなっていたことに気づいた。午後からはベストバイの各店舗で働くパートクルーさんが合流したと聞き、その理由がわかった。総勢三〇〇人は超えている。

謝恩パーティの全体の印象を先に言えば、とにかく明るい、元気、楽しんでいる。

福嶋社長の挨拶、永年勤続の感謝状授与などのあとは出し物である。見ている方は楽しいが、企画は立てるだけでも相当の手間暇がかかる。社員自らの出演もある。その練習もしなければならない。ご苦労だったろうな……

しかしスタッフはテキパキ動く。

どんなに大変でも「来た人に楽しんでもらおう」という気持ちが伝わってきた。

ビンゴゲームも盛り上がった。

タレント、タージンさんの司会がまたいい。

そして福嶋社長からのサプライズがあった。

「今日は僕の大切な人が来てくれました」

との案内に、正面舞台の右袖に置いてある金の屏風の陰から、俳優の石田純一さんが現われた。

「キャー」

「わー」

一斉に喜びの歓声が沸いた。

ベストバイは、平成二十五年の三月に石田純一さんとイメージキャラクターの契約をしている。大いに会場が沸いた。

商売は女性の心をつかめと聞いたことがある。ベストバイとはナイスマッチングだ。

石田純一さんは、ただ人気の的になるだけでなく「人生は下りのエレベーター」という真面目な話も披露した（第七章で取り上げる「ウィークリー情宝」のなかで紹介しています）。

そして東京に戻るぎりぎりの時間まで、写真を一緒に撮ったり、話をしたり、握手をしたりと、みんなを楽しませてくれた。

こうした盛り上がりをみせた謝恩パーティの開催は、実は福嶋社長はじめ幹部社員はもちろん、パートクルーさんに対して強い思いがあってのことだった。

会社の十周年記念となれば、会社を外に向けてアピールする絶好のチャンスである。しかも業績は順調に伸びている。近い将来上場しようという目標もある。ならばなおのこと外に向けたイベントをやるというのが普通であろう。

当然ベストバイでも、取引先や銀行などを招待して、会社の歴史、従業員の頑張りを見てもらってはどうかという意見があった。

しかしそれよりも、最後には一緒に働いている人たちが喜んでくれるものにしたい、パートクルーさんが主役となり、喜んでくれるものにしようということに決まったという。

そこで当初計画されたのは、午後の謝恩パーティだけであった。

働く人への感謝を、すべてに優先させたのである。

その後で、午前中の全社員会の開催が追加で決まった。社員全員が集まる機会はなかなかないので、この機会を活かそうということになったという。

追加と言っても中身は充実したものだった。

こんなこともあった。途中「木鶏会」という社員同士の研修があった。先導者に従い、月刊誌『致知』（致知出版）を読んできた社員全員が数人のグループになって、一斉に感想を述べ合い研鑽する。一人の意見が終わると拍手する。自分が気づかなかった意見や感想を聞くことができる。積極的に研鑽する社員の姿は、活き活きしていた。

全社員会には来春入社の内定者も参加していたが、この時間には福嶋社長がその中心にいた。内定者は福嶋社長の話を聞き、また社員の姿を見て大いに刺激され勉強になったのではと想像する。

全社員会の最後には、福嶋社長がこれからの十年を見据えた抱負を語った（その一部は第五章で紹介しています）。

その後、会場を移して謝恩パーティが始まったということである。

第二章　小さな憧れが大きな夢に

田舎者として感じた惨めさと劣等感

福嶋社長は、昭和三十二（一九五七）年六月十八日、瀬戸内海に浮かぶ小さい島、愛媛県の大三島で、みかん農家の末っ子として生まれた。上にはお兄さん、お姉さんがいる。

「兄とは九つ離れています。僕が小学校一年になった時には高校一年生になり、島から出て行ったんです。だから兄とは兄弟でありながら、九つも離れていると喧嘩もしないし遊びもしなかったですね。兄は高校も外、大学も外、働くのも外でしたので家にいたという記憶がほとんどないんです。だから本当に兄は他人のようで、今でも兄弟という感覚はないんですよ」

そんなことで福嶋社長は、物心がついた時から何となく自分が長男のような感覚を持っていたという。

当時の田舎の感覚からすれば、農家の長男となればなおのこと、家を継ぐことは決まったようなもの。家の主《あるじ》として家族を守るという自覚、責任感——経営者としての重要な要素に通じる心——が子供心に芽生えていたかもしれない。

同時にもう一つ、福嶋社長の人生を大きく左右する思いが心の中で芽生えていった。

福嶋少年７～８歳の頃　家族とともに（福嶋社長の実家の縁側にて）
左から従兄・秀樹くん、叔父・敏夫さん、従姉・久美子さん、進くん、祖母（父方）カツヨさん、叔母（敏夫さんの奥さん）ヒサミさん、進くんの兄・伸行さん

それは田舎者ということである。大三島は、赴任してきた教師に僻地手当がつくほどの田舎である。

最近は田舎暮らしが持てはやされたりしているが、田舎に生まれ育った子供にとっては、田舎はあくまで田舎であり、「田舎者」と思うだけで、福嶋少年はなんとなく惨めな思いになったという。

聞けば大三島の子供達の多くは、島を離れて就職する。またそれが大三島にとってはごく普通の姿であった。福嶋少年もまた、例外ではなくその一人であった。

惨めな思いは、やがて強烈な劣等感に変わっていく。人間、誰しも嫌な環境や惨めな思いをする場所からは早く逃れたいと思うもの。「田舎を出たい。都会に行きたい」

福嶋少年は、日を追うごとにその思いを強くしていった。

福嶋社長が生まれた昭和三十年代は、昭和三十四年四月に現在の天皇陛下のご成婚の儀があり、裕福な家庭には白黒テレビが入り、それがテレビの普及につながった。その五年後には東京オリンピックがあり、カラーテレビが一般家庭にも入るようになった。

田舎にいても、ラジオやテレビを通じて都会やアメリカの情報が入っていた。

福嶋少年は、ラジオから聞こえる音楽や都会の暮らしに刺激され、そしてテレビに映し出される都会の映像、アメリカ製作のドラマにワクワクし、都会に憧れ、

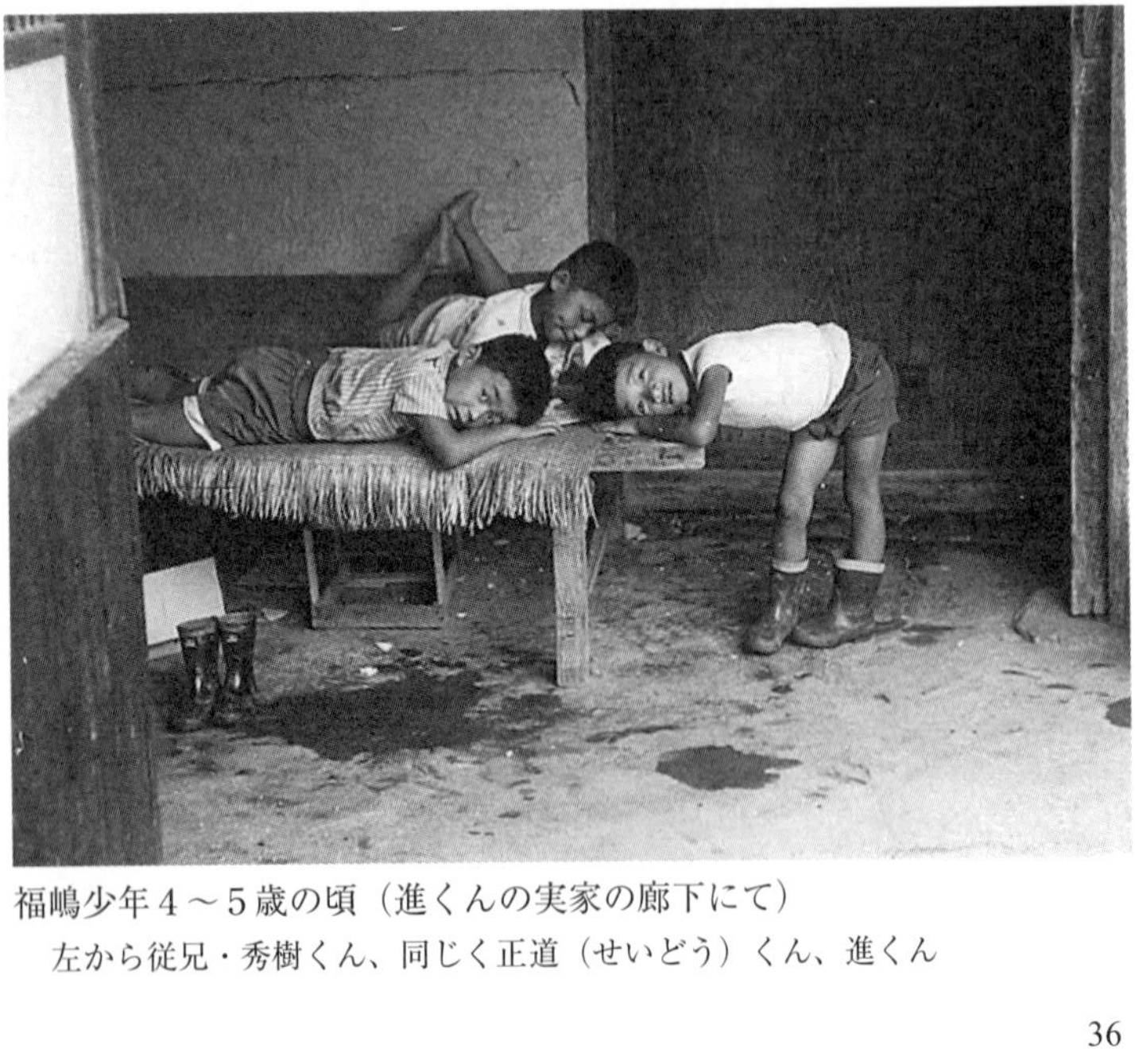

福嶋少年４～５歳の頃（進くんの実家の廊下にて）
左から従兄・秀樹くん、同じく正道（せいどう）くん、進くん

都会に行きたいと思うようになっていた。

福嶋社長の子供時代は、日本の家に車があるのは珍しかった。しかしアメリカの家は一家に数台の車があった。いまでは日本は、アメリカ以上に贅沢な暮らしをするまでになっているが、当時の日本にとってアメリカは憧れの的であった。

福嶋少年もまた「アメリカって凄い」と思っていたが、まだまだ距離的にも感覚的にも、とてつもなく遠くて、大きな国という感覚であった。

ただ普通の子供と違ったのは——劣等感からそうなったのか——田舎から脱したいという気持ちが、アメリカに行ってみたいという思いになっていった。

「田舎でしたから、広島から大阪、東京、さらには遠い異国のアメリカにまで憧れをもちました」

というように、福嶋少年にとってアメリカ行きは、ごく自然の思いから出てきたようである。普通の大人の感覚から言えば、費用はどうする、泊まるところはあるのか、連絡はとれるのか、危なくないのかと、そちらの方が先に立ち、行こうと思っても躊躇することが多い。

しかし福嶋少年は、そうした心配は一切しない。少年の心というか、「とにかく行ってみたい」と思ってしまうと、それしか頭に浮かんでこない。だから心配のしようがない。この性格は、いまも引き継がれていると言ってよい。

父の口癖「憂き事の……限りある身の力ためさん」

そうか、福嶋社長のアメリカ行きは「都会への憧れと、田舎者という劣等感」が行動の原点だったのかと思った。

しかし筆者には、それだけの理由でアメリカに行ったとはどうしても思えない。別な理由があるのではないか、というような気がしてならなかった。

「決して裕福とは言えないみかん農家の息子として生を受けた私の幼少時代は、畑仕事の手伝いと海遊びの毎日であった」という福嶋少年、ごく普通の少年としか思えない。そう考えると、なおのこと福嶋少年を突き動かしたものは何か、それを知りたくなった。

取材を通してわかってきたことは、結論として言えば、福嶋少年の一つ一つの体験が、結果としてアメリカ行きに結びついている。

そこで聞いてみた。

「福嶋社長は行動するときに、行動が速いというかあまり悩んだりしないように見受けますが、子供のころに福嶋社長の性格を決定づけるような何かはありませんでしたか」

聞いた理由は、最近、子供の頃の育ちが大人になっても残っていて、それがその人の生き方に大きく影響していると感じることが多いからである。

「私が小さいころにおじいちゃんは亡くなったみたいで、ずっとおばあちゃんに育てられました。僕が小さいころの親父やお袋さんはずっと畑に行っている記憶しかないんです。休みの日になると親父は、農機具を倉庫かどこかで触っているようなイメージしかありません。ただ食事の時などに、よく言っていたことがあります。もしかすると、それが現在の僕の生き方につながっているかもしれません」

福嶋社長の親世代は戦争に行っている年代で、福嶋社長のお父さんは満州に行っていた。戦争が終わって日本に帰って来て農業に従事し生計を立てていた。

お父さん曰く。

「自分はおじいちゃんや先代から引き継いだ田んぼや畑があって、農業をずっとやっている。でもお前たちは絶対に農業を継がなくていい。この田舎で農業をする必要はない。この島で農業をやるのは最後の最後でいい」

お父さんは、子供達に農業を継がせる気持ちが全くなかった。それを裏付けるように、福嶋少年がまだ幼稚園の頃から口癖のように言っていた言葉がある。

「親父は二つのことを口癖のように言っていました。一つは山中鹿之助の『憂き事のなおこの上に積れかし、限りある身の力ためさん』（出典には二つの説があるのですが……）。もう一つは「人間到る処青山《せいざん》あり」です。僕が幼稚園に行っていた頃から聞かされていたんです。簡単に説明すれば、『憂き事のなおこの上に積れかし、限りある身の力ためさん』は新渡戸稲造の『武士道』に出てきます。ちょっと苦しいからと言って死を急ぐのは卑怯な生き方と同じだよ。あらゆる困難や苦労や逆境や試練に対しては、忍耐と高潔な心を持って立ち向かいなさいという武士道の教えです。

父・清允（きよちか）さんの若かりし頃

また『人間到る処青山あり』とは幕末の僧、月性《げっしょう》の『清狂遺稿』に出てくる言葉で、人はどこで死んでも墓を建てる場所（青山）はある。ということから、人間、生まれ出てきたからには故郷を出て大いに活躍すべきである、死に場はいくらでもあるという意味で使われています。

僕は幼稚園の時ですから意味は全くわかりません。でも親父は言い続けていましたね」

この二つの言葉は、お父さん自身が強く願っていた生き方であった。

「いいか、大三島を出て大阪（都会）に行ったらなあ、商売の種は腐るほどあるんだ。何をやっても商売というのは一〇〇円で買ったものを一五〇円で売るんだから損するはずないんだ。俺はもうできないけれども、お前たちは絶対農業をするな」

福嶋少年にとって、その意味はよくわからない。

「だって青山《せいざん》が何の意味か、わからないんですから」

それでもお父さんは言い続けた。

「もう自分はそういう生き方はできない。子供達よ、一度の人生だ。思い切って生きてみよ」

という気持ちを伝えたかったに違いない。

その言葉が、どういう意味を持つのかわからなかった福嶋少年、しかし心にはしっかりと記憶されている。

「今でもその二つの言葉は、しっかりと覚えており、そらで言えます」

「幼児期の教育は、生涯にわたる人格形成の基礎を培う」

お父さんのこの話を聞いて、筆者は以前取材で訪ねた幼稚園（湘南やまゆり学園。神奈川県茅ケ崎市に本部を置き、県内に八園を運営している）のことを思い出した。福嶋少年が、幼くして聞いていたお父さんの言葉（教え）が、福嶋社長の生き方全般に影響していると思えたからである。

横道にそれるが、筆者としては「人の生き方」を語る上で重要なポイントだと思うので、少しお付き合い願いたい。

まずは幼稚園を訪ねたときの感想を、まとめあげた本の中で次のように記している。

「園児たちも先生方も、とにかく明るくて元気です。しっかりとした挨拶で迎えてくれました。名前は漢字表記、絵本も漢字まじり、フラッシュカードによる漢字遊び、百人一首、論語、俳句なども習います。

授業を受けるときの姿勢がまた素晴らしい。腰骨を立てて背筋をちゃんと伸ばす立腰《りつよう》教育を導入しているのです。

剣道の授業も見せてもらいました。これまた驚きです。礼儀正しく道場に入る園児たち、太鼓の音で一斉に整列、挨拶後に始めた大きな掛け声で練習、実に見事です。武道は礼に始まり礼に終わると言いますが、それを園児たちが規律正しく実践しているのです。胴着を着て床に正座し、指導する先生に挨拶する姿など、わが子ならずとも見たら感動します。

また、夏はキャンプファイヤー、冬はスキーの合宿、音楽にも絵画表現にも力を入れ、それを発表する場も設定、運動会などを含めて園児たちの成長を確認できるよう工夫されています。

こうした園児の姿を見て、引越ししてでもわが子を預けたい幼稚園と思ってしまいました。」

現在は脳科学が発達し、乳幼児期はヒトを育てる時期として非常に重要であると知られるようになっている。しかしまだまだ「幼児には何を教えてもわかるはずがない」と思っている大人が多い。それは大きな誤解である。

取材を終えた筆者は、環境に応じて素晴らしい力を発揮する幼児の能力に対し、「六つの名人」としてまとめている。

第一に、何もかも吸収する名人です。

第二に、繰り返しの名人です。

第三に、体を動かす名人です。

第四に、難しいと感じない名人です。

第五に、まねる名人です。

第六に、打てば響く名人です。

微笑を与えれば、微笑を返してきます。せいいっぱい抱きしめてやれば、愛されていることを実感し愛を与える人になります。あなたがいてよかったと声をかければ、いい子になろうと思います。夢を語れば、自分の夢を語ろうとします……

簡単に言ってしまえば、与えられたことは何でも吸収し脳に記憶させ、それが行動になって現われてくるということである。

だから幼児の時こそ「本物を与えよ」と言われる。


さて福嶋少年、意味もわからずお父さんの話を聞いていた。

果たしてそれは「無駄なこと」だったのだろうか。

いや、そうではない。福嶋少年の心にはお父さんの教えが残っており、現在までそれが引き継がれていると筆者は確信する。それを言いたいために、幼稚園での子供の様子を紹介した。

これは筆者の勝手な考え方ではない。教育基本法（幼児期の教育）第十一条にもそのことがきちんと書かれている。

「幼児期の教育は、生涯にわたる人格形成の基礎を培う重要なものである……」

ベストバイは若い社員が多い。子育て中の人や、いずれ結婚し子育てをする人もいると思う。子供は日々の生活の全てが勉強であり、その受けたもので成長していく。福嶋社長のお父さんが語っていたように、人としてどう生きるかを子供の頃から語ってあげることは子育ての重要なポイントである。

幸いベストバイでは、社員教育がしっかりと実施されている。その基本は「人としてどう生きるか」を学んでいるはずである。そこで学んだことを子供達に伝えていけば、子供の成長にも大きな役立ちになることは間違いない。なんとありがたいことか。

高校のアメリカ留学制度試験、三度の不合格

「福嶋社長、子供の頃の話で、他に福嶋社長らしいと思われる何かはありませんか」

「どちらかと言えばちっちゃい頃から目立ちたがり屋だったんですね。駆けっこは一番になりたかったし、人がおっと驚くようなことをしたいというところもありました。島から高校は別のところに行きたい。高校から大学は東京に行きたい。高校の時からアメリカに行ってみたいなあというのも、周りの人がおっと思うようなことをやってみたいというのも、目立ちたがり屋の部分もあったからと思います」

小学校、中学校と大三島で過ごした福嶋少年は、高校になると大三島を出た。

「大三島にも小さな高校が一つあったのですが、できるだけ都会に行きたいということで四国の今治市にある高校に進学して一人で下宿して生活をしていました」

そしてこの高校でアメリカ行きの思いをさらに強くする出来事があった。

「無知だからできたんですけど、ライオンズクラブとかロータリークラブとかの主催で、うちの高校から何人か留学をさせてやるという仕組みがありました。それに申し込んで試験を受けて毎年二人か三人、アメリカとかカナダとかに一年間留学に行っていたんです。

これはいいと思って、勉強して試験を受けたんです。試験を受けるのも数人しかいないんですよ。僕はその理由も知らないまま、応募して試験を受けるんですよ。そして落ちるんですね。一年で落ちて、二年でも落ちて、三年でも落ちた。何でかわからなかったんです」

「多少その時は、英語を勉強していたんですか」

中学校時代　修学旅行にて

高校２年生

中学校時代　正しい自転車乗り方競技会で優勝

中学校時代　バレーボールで地区優勝

「英語の勉強はあまりしていませんでした。試験は普通の一般試験と、英語の勉強はあったかもしれないけれども、他の受けている子供達も特別英語がすごい子じゃなかった。それと校長先生の面接がありましたね」

三年で落ちた時に担任の先生が、「福嶋悪いな」と声をかけた。

「何ですか」と聞いたら、先生が留学制度の理屈を教えてくれた。

「ライオンズクラブやロータリークラブが、会員さん、もしくはこれから会員になってくれる人の娘さんとか息子さんとかを優先するんだ」

試験に受かればアメリカに行けると純粋に思っていた福嶋少年は、そういう理由があるとはまるでわからなかった。

「それがわかって、なおアメリカ行きの思いは強くなったと思います」

無理を言って受験・合格した大学で希望を失う

「もしかしたら自分もアメリカに行けるかもしれない」という希望を抱かせた高校の留学制度は、むしろ挫折に終わった。しかしその反面、アメリカ行きの思いが強くなったことを考えれば、むしろラッキーだったと言えるのかもしれない。

そして高校の卒業を控えて大学受験である。都会への憧れから、都会に行きたいというのが第一の目的であった。

「高校から大学へ行く時は、どうしても都会、東京に行きたかったですね」

ということで都会の大学を選んで受験した。ところがすべり止めと考えていた大学も、ことごとく不合格になった。

「高校は愛媛県でも二番目か三番目くらいの進学校で、東大には一人か二人ですけど、阪大、京大には何人かが、早稲田とか慶應には毎年何十人か入っていました。

そこで僕はサッカーをやったりクラブ活動を楽しんでやっていて、成績は下の方でした。受験の半年前くらいからかなり集中してがーっと追い込んで勉強して、東京の大学一本に絞って受験をしたんです。有名な私立の大学を含めていろんなところを受けました。

全部落ちたんです。でも浪人するつもりは全くない。

半年くらい勉強して、結構自分の中でも追い込みすぎて苦しかったんですね。それもあってこの苦しい思いを浪人して次の一年はようせえへんと思っていたんで、全部の試験がアウトというのがわかった時も、現役で大学に行くことを諦めませんでした。浪人となれば、親にも負担がかかりますからね」

担任の先生も「福嶋、浪人やなあ」と言われる。

滑り止めも何も最後の結果が出たのが三月の十日ぐらい。「万事休す」と思いきや福嶋少年は諦めなかった。

「先生、僕浪人したくないんです。今から行ける大学、どこかないですか」

全く無理な要求である。それでも先生は調べて答えてくれた。

「静岡に一つと……、埼玉に国際商科大学があるぞ」

「東京に近い埼玉の大学を受けます。試験日はいつですか」

「明日だ。もう誰も行くとは思ってないから何も準備していないぞ」

「朝一番の飛行機で行きます。先生、試験を受けられるように段取りしてください」


なんと無茶な大学受験であろうか。いかにも福嶋社長らしい。「都会に出る」「親に負担をかけたくないので、絶対に浪人はしない」と決めていた福嶋少年、そう思ったらそれに向かって突っ走る。

先生も自分の生徒に「明日受験に行く」と言われれば、その段取りをしなければならない。

「本当にご苦労でした」としか言いようがない。

無事に国際商科大学（昭和六十一年東京国際大学に校名を変更）に合格した。

都会のワクワク感を胸に抱いて大学に通い始めた。ところが自分の思い描いていた大学とは雰囲気がまるで違っていた。

「都会に出ていくという憧れ、自分の燃え滾《たぎ》るような、ワクワク感を持って都会に来たのに、ここで四年間過ごしていたら、自分の可能性がしぼんでしまうような思いを受けましたね。高校の時はまあまあのレベルの人が僕の周りにいて、あいつは頭がいいな、負けているなというのが刺激的だったんです。しかし大学では想像とはまるで違う怠慢な若者たち、毎日学校をさぼって麻雀やパチンコ、たまに出た授業では居眠り……。田舎で真面目に育った僕にとってそれはとても大きなショックでした。

大学が嫌になったとか言うんじゃなくて、そういう空気の中にいたくないという気持ちが一番強かったですね」

それがまた、結果としてアメリカ行きへと結びついていく。

アメリカ行きを決め本格的にアルバイトを始める

「ここにいたら自分がダメになる」そう感じた福嶋青年は、大学に入ってから、ものの一ヵ月くらいして学校には行かなくなった。そこで高校で挫折したアメリカ行きを決意し、なんと大学を辞めることにした。

福嶋少年４～５歳の頃　お姉さんと一緒に（実家の庭先の畑にて）
当時、実家には、うさぎ数羽、犬１匹、鳩数羽、山羊２匹、馬１頭、鶏数羽がいた。

「何をバカなことを言っている。自分の我が儘ではないのか」

と言われても仕方がない。しかし人に何を言われようとも「我が道を行く」福嶋青年はアメリカ行きを心に決めアルバイトを本気で始めた。

せっかく入った大学をすぐに辞めるとは、親にとってはただ事ではない。

「農業をやっている両親が、息子を大学に行かすために入学金や授業料の百何十万という大きなお金を先に払い込んでいるわけです。にも拘わらずその大学を一ヵ月やそこらで、嫌になって辞めると言うわけですから、とても親に言えないわけですよ」

ということで福嶋青年は、お姉さんに「アメリカへ行こうと思っている」と、自分の気持ちを伝えた。

お姉さんとは四つ違い、よく喧嘩もしたけど、良き相談相手であった。

「お前のことだから、言い出したら聞かないだろうみたいな感じで理解してくれました。でもアメリカに行くお金は親に借りようなんて思ったらあかんでと言われましたね」

その点は福嶋青年もよくわかっていた。お姉さんが理解してくれたことで、アメリカ行きが、心の中で正式に決定した。

「その頃から姉は、ずっと僕のサポーターではあったんですね。だから自分でリサイクルの新しいビジネスをやる時も、姉に頼ったんだと思うんです。当然親なんかにそんなことは言えないと思っていますから。本当に感謝しています」


高校で挫折したアメリカ行きが、大学の雰囲気に失望したお陰でその可能性が出てきた。それには軍資金がいる。親には頼れない。自分で準備するしかない。

それまでの一ヵ月くらいは大学に行っていたが、アメリカに行こうと思ってアルバイトを集中してやりだしたら、大学に行くのが疎かになった。大学はまだ辞めてはいない。

「ある程度お金を貯めた段階で——どっちみち大学には行かないだろうと思って——辞めようと思っていたんです。でも休学にすれば学費は一年間止めてくれるということだったので、辞めずに休学届けを出したんです」

そしてアルバイトをして約一年、全部で二〇〇万円くらい貯めた。

「当時としてはすごい額ですね。どんなアルバイトをしたんですか」

「主に二つやったんです。一つは五反田の米屋さんです。その米屋さんの裏にタコ部屋みたいな部屋があり、そこに住まわせてもらいました。米屋さんですから食事付ですよ。ご夫婦とおじいちゃん、おばあちゃん、あと親戚の子が一人いて、五人でやっているちっちゃな米屋さんだったんです。僕は近所の飲食店への配達係です。

朝昼晩おいしい米を食べさせてもらえ、朝は八時から仕事が始まって夕方五時か六時くらいで終わる。僕は飲食店に配達を全部したら終わりなんです。結構忙しい米屋でしたね。住み込みだったのでお金が残ったんです。

もう一つは、夜のアルバイトです。スナックとか飲食店とかに配達するわけですが、慣れてきた頃、『夜のアルバイトをさせてくれませんか』みたいなお願いをしていたんです。

そうしたらお前来るかと言ってくれて、昼は米屋さん、夜は飲食店にアルバイトに行きました。最初は大きな居酒屋みたいなところで皿洗いみたいなことをしていました。そこのオーナーさんがスナックをやっていて、そこでボーイさんがいるからということで――若いお兄ちゃんだから、いてくれるだけで元気出るみたいなことで――黒服を着てやっていました。

二回お店を変わったんですけど、二つともスナック系統の店です」

軍資金の準備も整い念願のアメリカへ

約一年のアルバイトでアメリカ行きの軍資金の準備ができ、ビザの申請など渡航手続きは全部自分で済ませた。

目的は「アメリカを見てくること」、その他に特別な理由はない。

ビザは観光。

現金は、渡航手続きなどの費用を引いて約一八〇万円が残った。それが無くなったら帰って来ることだけを決めていた。

あてもないままバックパックかついでアメリカへ渡る。

「とにかくアメリカに行ってみたい！　その一心でした」

という福嶋青年は、その願いを自らの力で実現した。

そうか。福嶋社長は、即行動の人ではあるけど、無鉄砲ということではない。準備が必要な場合は、ちゃんと準備してから動き出す。

飛行機でロサンゼルスに着いて、さあどうするか。頼りにしたのが『地球の歩き方　アメリカ編』である。

グレハンバスというアメリカを一周するような安いバスがある。二ヵ月か三ヵ月のフリー周遊券があり、大きな町と町をつないでいる。ただ、例えば日本なら東京から大阪とか、大阪から広島とか主な町までしか走っていない。

他の所に行こうとする時には、ヒッチハイクをやるしかない。

「だからヒッチハイクは結構やりました」

「ダンボールか何かに、どこへ行きたいとか書いてやる方法ですね。それで止まってくれる車が、あるんですか」

「結構止まってくれるんですよ。ヒッチハイクをしながらいろんな所に行きました」

「ヒッチハイクをする時には多少何か払うんですか」

「いいえ、全く払いません。トラックの運転手さんも一人で暇なんですね。話し相手ができたという感じでいろいろしゃべってくるんですけど、僕は言葉がわからない。運転手さんは結構普通にしゃべってくるのですが、僕は笑っているくらいしか返せないんです。

でもそれはそれでいい経験でしたね。

その中で、生まれが田舎の農家の子供というのが、幸いしましたね。都会育ちじゃないので、わりと過酷な状況には慣れていたんです。

ヒッチハイクで、例えばどこの町に行きたいとサインを出して止めて乗せてもらうわけですが、突然トラックの運転手が信号の交差点に止まったりするんですよ。『俺はこっちに行くけど、お前が行きたいのはこっちだから降りろ』と降ろされるんです。これがまだ明るい時間だったら、次ここに立っていると拾ってくれるんですけど、暗くなると絶対拾ってくれないんですよ。トラックの運転手さんも危ないと思うんですかね。

今日は無理だなと思って、この近くでどこか泊まろうと思って適当な場所を探すんです。寝袋とちっちゃなテントみたいなものをバックパックに入れて歩いていましたから、橋の下とかに入って寝たりとか、結構しました。

また食事にありつけない可能性があるので、バックパックの中にはいつもアメリカのホースラディッシュというニンジンを入れていました。日本のニンジンってあんまり甘くないんですけど、向こうのニンジンは甘いんですよ。スーパーで何本か買っておいて、腹が減ったらかじったりしていましたね。

だから、ヒッチハイクとグレハンバスを使いながらいろいろ行きましたね」

第三章　一生の恩人と出会ってアメリカ生活

「何やってる？　自分の家に来ていいぞ」

アメリカに渡って約三ヵ月半経った頃、全く予想もしていなかったアメリカ生活が、ある人から声をかけられたことで始まる。そしてその経験が、福嶋社長のその後の人生に大きく役立つことになる。

「三ヵ月も経つと英語は多少通じるようになっていましたか」

「若干はわかるようになっていました」

現地の言葉がわからなくても、だいたい三ヵ月もすると多少理解できるようになると聞く。言葉が通じなければ、大きな出会いが単なる出会いで終わっていたかもしれない。

「半年か一年くらいは安い旅行をしながら見て回ろうと思って動いていました。この頃はロサンゼルスからいったん南に向かって、アリゾナからニューメキシコの方まで行って、もう一回ユタの方に上がってニューヨークに行って、サンフランシスコから南に下ろうとした途中でした。

たまにはシャワーもあびたいし、ゆっくり寝たいしという思いもあって、サンフランシスコとロサンゼルスの間のモーテルに泊まりました。

日本で言う簡易旅館みたいな安いホテルが、国道沿いにいっぱいあるんです。安いのですが、その後ろ側にはプールとかがあるんですね。

プールで泳ぐわけではないけれども、たまたま朝早く起きてプールサイドで地図を広げて、今日はどこへ行こうかなと見ていたんです。そうしたらアメリカ人が『何やっているんだ』みたいな感じで声をかけてきたんです。

昨日ここからこういうふうに下ってきて、今日は南に行くのでどこに行こうかなと思って見ているんだ、みたいな話をしていたら、『自分の家に来ていいぞ』というようなことを言っていることがわかったんです。

僕にしたら車に乗せてもらえるし、今日の夜はただで泊まれるみたいな、これはラッキーと思って彼についていったんですね。

その日は今でも覚えていますけれども、夕食を一緒にとろうということでジャック・イン・ザ・ボックスという近くのハンバーガー屋で彼がおごってくれたんです。これはなんかついているなというような感じです。

その日にいろんな話をした中で彼が言ったのが——本当はもっといっぱい言ったんでしょうけれども——僕の記憶の中に残っているのは、『一週間一緒に住もう。一週間一緒に住んでお前がいやだったら自分から出ていっていいぞ。もし俺がいやだったら出ていってくれと言うからな』という話だったんです。なぜ一週間一緒に住もうと言ってくれたのかは、その時はわからなかったけれども、一週間くらい住まわせてくれそうだなと、それだけはわかったんです」


彼の名前は、ゲアリー。

福嶋青年はこの時二十歳、彼は十八歳上の三十八歳。彼の通常の仕事は小学校の先生であるが、もう一つ外科医の免許を持つオンコールドクターでもあった。

オンコールというのはポケットベルのようなものを持ち、小学校が終わる午後三時から夜中の十二時くらいまで、急な手術が入ったらすぐに行くというドクターである。

手術の連絡が入ったらすぐに行かなければならない。それにいつでも対応できるように控えている。家にいても映画館に行っていてもよい。ただ、その病院から何キロ以上離れた所に行く時にはその場所を連絡しておく。

「オンコールの仕事は週に二回くらいは平均ありましたかね。忙しい時には今日は大変だったと、朝帰ってきてシャワーをあびてすぐに小学校に行っていましたね。彼にとってはメインの仕事は小学校の先生で、医者をするよりもおもしろかったんだと思います」

それにしても異国の地で、初めて会った人の家に泊まりにいくとは……

一生の恩人・ゲアリーの家（中庭にあるキッチン）にて　福嶋進青年 19 歳

「初めて会ったばかりの見ず知らずの他人についていくなど、今でこそ考えられませんが、当時二十歳やそこらの私には、怖いものも失うものも何もないと言った感じだったのでしょう」

一週間後「一緒に住もうか」と言ってくれた

いよいよ彼との生活が始まる。

会ったばかりの次の日の朝、彼は「出かけたい時には鍵を閉めていいから」と福嶋青年に鍵を預けて仕事に出ていった。

「え、え、大丈夫なの」

初めて会った彼の家に泊まりにきた自分の行為以上に、鍵を預けていく彼の行為に福嶋青年は驚いた。

「なにせ会ったばかりですからね」

彼の家は二〇〇坪もある大きな家だった。そこに彼は一人暮らし。裏にプールがあり玄関が二ヵ所ある。車が二台止められるガレージ、家の前には結構大きなスペースがあってお客さんの駐車場になっている。エイトリームという中庭もある。

一人になった福嶋青年、「僕と一緒に住んで、彼がいやでなかったら一週間住まわせてやるみたいなことを言っていたな」と彼の言葉を思い出した。

「気に入ってもらわなければあかん」

すぐに動き始めた。

「もともと農家の出ですから、土を触ったり木を触ったりするのは、小さい頃から遊び半分でやっていました。庭をきれいにしてやろうと思って――ガレージの中にいろんな道具があったので、それを勝手に使いながら――庭の草を取ったり、枝がぴゅっと出ているのを剪定したり、ガレージにあった車を洗ったりしました」

帰ってきた彼は、そのことに気付いてくれた。

「お前、車洗ったのか、ありがとう」

期待以上に喜んでくれた。

ゲアリーの家　リビングから見た裏庭とプール

「彼に気に入られようと思って一所懸命やったことが、彼に伝わったと思うんですね」

それが嬉しかった。

「明日はこの裏側をきれいにしてやろう」というふうに思い、手を抜かずに一所懸命動いた。それが功を奏し、約束の一週間後、彼は福嶋青年に「一緒に住もうか」と言ってくれたのである。

ではなぜ彼は、福嶋青年を一週間住まわしてから「一緒に住もうか」と言ってくれたのか。実は最初に会った時、彼はその話をしていたらしい。でも福嶋青年の英語力は、それをすぐに理解できるまでにはいっていなかった。

疑問を残しながら福嶋青年は、二、三週間一緒に生活した後で「何で住まわせてくれるの」と聞いてみた。そこでその理由がわかった。

「彼の家は、ロサンゼルスの南に位置する高級住宅街にあるんです。結構中流の人達が住んでいるんですね。彼一人しか住んでないというのがわかると、強盗に入られるらしいんです。複数人が住んでいるというだけで、今どっちかが出ていったけど、もう一人が残っているかわからないと思うので強盗に入られる率が極端に下がるらしいんですよ。

僕と出会うまで、黒人がルームメイトで住んでいた。その子がニューヨークかどこかに転勤でいなくなってしまったので、ルームメイトが必要だなと思っていたらしいんですね。

僕は旅行者なのでルームメイトにはなってもらえないだろうけど、短期でもいいから一週間でも一ヵ月でもいてくれたら、それでいいやという感覚だったらしいんですよ。

それで一緒に住んでいいぞということにしたと思うんです。だから僕が何年も住むとは思ってなかったんでしょうね」

それが六年近く住むことになった。

「僕は目的がなかったですからよかったです」

福嶋青年にとっては、住むところの心配もなくアメリカを見ることができるだけでも大きな成果であった。

ここにいて将来に役立つことを勉強しようとかいうような、いわゆる志らしきものはこの時点ではなかった。

最初の思い「アメリカを見てみたい」がすべてだった。

英語学校を紹介されアメリカの大学に合格

そこで毎日することがないので、朝起きて鍵だけ閉めて、ちょっと歩いたところにバス停があったのでバスに乗ってあちこち行ったりしていた。

そうこうしているうちにゲアリーが、一つのアドバイスをしてくれた。

「お前、何もしないいんだったら英語学校に行かないか」

「どんなところにあるんですか」

実は当時のカリフォルニアは、違法であるがメキシコ人がどんどん入ってきていた。普通のアメリカ人がやりたがらない農場や工業の仕事で彼らは必要であった。そういう所で働いているのはほぼメキシカン。表向きは違法入国を禁止しながら、カリフォルニアは彼等の労働力を必要とした。

そこでカリフォルニアには、表向き学校に行けないメキシコからの移民に英語を無料で教える州政府の学校があった。

英語の雑誌も読めるようになった（ゲアリーの家のリビングにて）

彼は学校の先生をしていることから、うまいことコネを作ってくれて福嶋青年をその英語学校に行けるようにしてくれた。アメリカに行くからと言って、英語の勉強を特別にしたわけではないけれど、福嶋青年は中学、高校と基礎となる勉強をしている。全く無学な人たちよりは英語力の成長は早かった。

すると英語の先生が、「大学に行きたくないか」と声をかけてくれた。

「そんなチャンスがあるなら、ぜひ行きたい。どうすれば行けるんですか」

「大学に入るための英語の試験がある」

「受けてみたい」

「では一回受けてみるといい」

家に帰ってゲアリーにも相談した。

大学時代の友人（スピィーディー）と

「それはいいことだ。僕からも勧めるよ」

と言ってくれた。

ということで福嶋青年は試験を受けた。

一回目は「この点数ならだめだな」と言われてしまう。

「次は三ヵ月後にある。もう一回ちゃんと勉強してトライしてみろ」

「今度は試験対策の勉強を自分でやりながら、先生にも教えてもらったことで、すごくいい点ではなかったけれど、この点数だったらこんなところには行けるぞという点数が取れたんです」

アメリカで大学に行ける英語力が身についたことになる。

「アメリカの大学はありがたいことに、入学金とかがほとんどいらないんですね。授業料もすごく安いんです。僕が行ったのは大学といってもカレッジ、短大みたいなところです。たまたまゲアリーの家から車で行ける距離のところにあったので、そこに行くことを決めたんですね」

その時はまだ多少お金は残っていた。でも稼がなければ、お金がなくなるのは目にみえていた。ゲアリーは「部屋代はいらないよ」と言ってくれていたけれど、甘えてばかりではいられない。そこでアルバイトをしようと思った、

しかしアメリカへの渡航目的は「観光」である。アルバイトは基本禁止されている。でもアルバイトをしなければお金が減っていくばかりである。たまたま日本人オーナーのレストランで皿洗いくらいだったらさせてくれるということで行き始めた。

「大学の帰りにそのレストランに行って、夜十時か十一時のレストランが終わるまでアルバイトをして帰ってくるみたいなことをずっとやっていましたね」

「観光ビザでは、アルバイトもいけないし、大学にいくのも問題ではないんですか」

「大学に入ることが決まった時に、学校から承諾書みたいなのをもらって、日本に帰って学生ビザに切り換えました」

「安いなあ。お前、うちに来たら倍やるよ」

最初のアルバイト先で、福嶋青年はある体験をする。

「二十歳の僕にとって、おもしろくない、差別的なことが結構いっぱいあったんです。レストランは日本人オーナーの二世のお店なんですけど、明らかに僕と一緒に働いているアメリカ人の男の子とは扱いが違うんです。

彼の時給は十三ドル、僕は六ドル五十セントなんですよ。同じ仕事を、僕の方がずっと真面目にしていましたけどね。

違法で働いているというところと、日本人というところと両方あったと思うんです。でも働かせてくれるだけでもありがたいと一所懸命やっていたんです。しかしだんだんどこかに、何となくしっくりこない気持ちが出てきていましたね」

このアルバイトでは、稼いでも手持ちのお金が減ってくる状態であった。だから早く辞めて別なアルバイトをしたいが、辞めればなお苦しくなる。

そんな中で、一つの救いの手が差し伸べられた。元来、仕事は真面目にする福嶋青年、皿洗いであっても明るく元気で働いていた。それに目を向けてくれた日系人がいた。

三日に一度くらいレストランに来て、時々福嶋少年に声をかけてくれていた。

「お前時給なんぼもらっているんだ」

「六ドル五十セントです」

「安いなあ。お前、うちに来たら倍やるよ」

福嶋青年にとって、給料が倍というのはすごく魅力的であった。早く今のアルバイトを辞めたいという思いもあったので、「すぐ行きます」と返答した。

「うちに来るとは言わんときや。でも辞めるというのはちゃんと言っときや」

オーナーには「アルバイトを辞めさせてください」ということだけ言ってレストランでのアルバイトを辞めた。

「実は、その人がやっていたのがガーデナーなんです」

これが福嶋少年の学生生活を一変させることになる。

ゲアリーにそのいきさつを話しながらいろいろと相談した。

「ガーデナーの仕事を、今度しようと思っている」

「それはいい考えだと思う。特に日本人は丁寧な仕事をするというふうな定説があるから、日本人がガーデナーをするというのはすごくいいと思うよ」

福嶋青年にとってゲアリーの言葉は大きな励ましになった。

ガーデナーを一週間やり「これは自分でもできるそう」

「僕は車が運転できたので、作業員のメキシコ人二人と機械を、ちっちゃなトラックに積んで、オーナーさんと一緒にお客さんの家を回るのが最初の仕事でした。お客さんの家に着くと作業員と機械を降ろします。彼等はずっと働いているので、そこで何をするかはわかっているんです。

それで僕のやることとは、作業員を降ろした後に、作業が終わった頃お客さんの所に行き集金をすることです。集金は毎回チェックを切ってもらうんですよ。お客様のリストがあり、そこにはこの家は三十五ドル、この家は五十ドル、この家は二十ドルもらいなさいということが書かれているんです。

仕事が終わると事務所に戻り、作業が終わったことを報告し、その日に集めたチェックを全部オーナーに渡すんです。これがここでの僕の仕事でした。たぶん日本人だから、悪いことしないだろうというだけの理由で採用されたと思うんです」

「向こうは、庭掃除というのは、自分でやるのではなくて人にやってもらうのですか」

「そうです。一週間に一回が普通です。一週間で芝が伸びるんですよね。だから一つの家に毎週土曜日なら土曜日の何時に行くというのが大体決まっているわけです。一人でやると普通の庭は一時間くらいかかるので、朝から作業をすると一日に八軒くらいやれます。二人なら半分で終わるみたいなのをずっと見てきました。二週間に一回でいいという家もありましたが、大体一週間に一回でしたね。

またこのあたりは、庭の手入れの他に一週間に一回くらい水質を検査するというプールメンテの仕事も、業者さんがやるというのが当たり前になっていましたね」

そういう環境の中で一週間実際の作業を見て福嶋青年は思った。

「メキシカンのやっている仕事はすごい簡単なんでね。芝刈り機でブーンと芝を刈って、落ち葉だけ集めて袋に入れて、その袋をごみのところに捨てて帰るというだけなのです。すごく簡単な仕事なんです。

それだったら自分でも、できるな……」

最初のビジネス、ガーデナーとして独立

ここからが福嶋青年らしいというか、福嶋社長の行動の原点というか、「自分のやりたいことを自分のやり方でやってみる」という行動に出る。

「これは僕らしい最初の行動パターンかもしれない。ガーデナーの仕事をすると言っても、その方のところでは一週間しか働かなかったんです」

福嶋青年は家に帰ると、毎日ゲアリーに報告を兼ねていろいろ話をしていた。そしてガーデナーの仕事も「自分でもできそうだ」ということを話してみた。

「それだったら、自分でやったら」

……

福嶋青年はアルバイトの経験はあっても、自分でビジネスの経験はない。もちろん事業はやってみなければ、成功するか、しないかもわからない。

そういうこととは関係なく「ただ自分でもできそうだ」という思いをゲアリーに話をしたのである。

誰も相談相手がいないアメリカで、自分でやることを勧めてくれたゲアリーの言葉は大きな励ましとなり、大きな後押しになった。

そうと決まれば行動が早い。

「どうやったらいいかな」

「フリーペーパーに広告を載せたらお客さんが来るんじゃない」

その地域では「ペニーセーバー」というフリーペーパーがあった。それに広告を出すことにした。やったのは、わずかな二行広告。広告代が二行で十ドルくらい、日本円で二〇〇〇円とか三〇〇〇円くらいだった。

わずか二行であるが、短いだけに効果を得ようと思うと表現が難しい。アメリカ人の気持ちにも訴えなければならない。

そんな福嶋青年の思いを知ってのことか、その広告の文章をゲアリーが考えてくれた。

「日本の真面目な学生があなたのお庭を手入れします。連絡ください」

電話番号だけを書いて二行広告を出した。

それが見事に反応した。「見積もりに来てほしい」という依頼の電話が二十四件入った。早速営業活動である。

「一週間働いていましたから、このくらいの大きさの家だったら大体いくらくらいとわかっています。二十ドルで一ヵ月やらせてもらいます。三十ドルで一ヵ月やらせてもらいますと言って話をしていったら、『一回やってくれ』ということで全部取れたんですよ。向こうの人はすごいドライですから、じゃあ来週から今のガーデナーを断るから、あなた来週から来てみてっというわけです。だから僕もちゃんとしなかったら一ヵ月くらいで断られたでしょうね」

ゲアリーに全部契約が取れたことを報告したら「すごいなあ」と褒めてくれた。

ただ広告を出しただけでまだ何も作業の準備をしていない。それからホームセンターに行って、ハサミとか芝刈り機とかいろいろ必要な道具を買い、軽トラックも買った。

福嶋社長の最初のビジネスは、こうして始まった。

日本人らしい工夫でとにかく喜ばれた

「向こうは日本と違って中古車を買うというのは物を買うのと一緒で、これ頂戴といってお金を払ったら乗って帰れるんですよ。機械も揃えて、次の週から一人で仕事に行き始めたんです。

メキシコ人がやる仕事を見ていて、もうちょっときれいにできたらいいのにと思っていましたので、どうやったら喜んでもらえるかが少しずつ自分でもわかってきていたんですよ。

普通にやっても、チェックはもらえますが、やるならちょっとでも丁寧にやりたいと思って作業をやり始めたんですね。

そうすると僕の作業を、家の中から見ているんですよ。僕からは見えないんですけどね。チェックをもらう時『今日はあそこをすごいきれいにやってくれたね』と喜んでくれるんです。

ガーデナーで利益を上げ車も購入

『ああ、そうか』と思って、どうすれば喜んでもらえるかが、だんだんやっていくうちにわかってきて、そのテクニックを覚えました。そしてもう一つ、喜んでもらえることをプラスしたんです。

カリフォルニアですから毎日すごく天気がいいんですね。毎日燦々と太陽が降り注いでいるんです。仕事をした後、向こうの慣習として——刈った芝草が散ったりするので——通路はブロアーといって風が出る機械でばーっと飛ばすんです。

でも僕は日本人ですから刈った草を集めたあと、芝の上にばーっと水を撒くんですよ。家の中から見たら、キラキラと芝生が光って見えるんですね。そうするとすごいいい仕事をしているように見えるんです。

きれいに刈ってごみを集める、そして打ち水をする、この二つがすごい丁寧な仕事に見えるんですよ。仕事の質がメキシカンと違って相当レベルの高いように見えるんですね。それをやっていたら、その家の奥さんが隣の家の奥さんに、『最近うちに来ているガーデナーがすごいいい仕事をする』と話すんですね。そうすると、うちもやってほしいとなり、またその隣もみたいになっていったんです。本当に一本のストリートで、最初は一軒だけで始まったのが、何軒もやらせてもらうみたいなことになっていきましたね。

大学の同級生にそんな話をしていたら、じゃあ俺もやらせてよというアメリカ人がいたので、彼をアルバイトに使いながらやったりしていたんですよ。これがビジネスを自分が始める最初でしたね」

これが大当たりした。月曜日から金曜日までは大学に行って、土日にガーデナーの仕事をする。

「当時、私の同級生の給料が、日本では十二万から十三万円くらいだったと思うのですが、ガーデナーの仕事で日本円に換算しますと、当時は一ドル二五〇円前後だったと思います。六十万から七十万円、しかも土日だけで稼いでいました」

ガーデナーの仕事が順調に行ったことで、学生の身分で高級車を買い、日本から家族や友人を招待したり、ヨーロッパへ旅行に行ったりしていた。

エンジョイ、エンジョイ
U.S.A カリフォルニア州 L.A. ニューポートビーチにて

大学を卒業、ガーデナーもやめヨーロッパへ

「そうやって儲かっていたのに、それをやめてヨーロッパに行き、日本に帰ってきたわけですが、アメリカでガーデナーの仕事を続ける選択肢もあったんじゃないですか」

「大学も卒業の頃を迎え、続いてその仕事で食べていく選択肢もありましたが、僕は日本帰国を選びました。

正直、アメリカでビジネスをやることに興味がなかったんですよね。だって、もともとアメリカに来たのも、ただ『アメリカに行きたい！』だけでしたからね（笑）」

普通で考えたら「もったいない」と思ってしまう。

それを何の執着もなく捨てて、次の道へと進む。だから「福嶋進」というのか。

「カレッジは何年ですか」

「結果的には三年ちょっと行きました。本当は二年で卒業できるんでしょうけれども、最初の一年くらいはほとんど単位を取れなかったと思うんですよ」

「学部というか、何を選考したんですか」

「経済、経営みたいな部分でしたかね」

「英語の試験に合格したと言っても、授業についていくのは、最初は大変じゃなかったですか」

「結構厳しかったんですよ。授業では分厚い本を読んで、二週間後の授業までにレポートを五枚書いてこいというのもありました。読むことすら満足にできないので、辞書を調べながら必死でやるという感じでしたから、最初の一年くらいはほとんど単位を取れなかったですね。

二年目くらいに少し取れ始めて、最終的には三年ちょっとかかったと思います。結果的には、語学学校を入れると丸々四年強行っていたような感覚ですね」

「大学を卒業してから、どのくらいアメリカにいたんですか」

「卒業してからは半年くらいですね」

アメリカでの生活は、英語学校にしろ、大学受験にしろ、ガーデナーにしろ、全部ゲアリーが導いてくれた。福嶋社長が言うように、ゲアリーは「一生の恩人」になった。

ただ「見てきたい」というアメリカで、ゲアリー氏と出会うことによって、沢山の貴重な学びをして、ヨーロッパに向かった。

ドイツで挫折するもチャレンジ精神を養った海外生活

「結局そのまま日本に帰るのはもったいないと思って、ヨーロッパに行きたいと思ったんですね。たまたまそのカレッジの教授がドイツのムンスター大学から出向のような形で来ていたんです。その教授がドイツのムンスター大学に行くんだったら『紹介状を書いてやるよ』と言ってくれたんです。

ムンスターはどこにあるのか、どんな大学かは全く知らずに、ただドイツに行きたいという思いで紹介状を書いてもらったんです。ちょうど半期の二月が近かったので、それに向けて行こうと思って、少し早めにアメリカを出てロンドンとパリに少しいて、時期をみてドイツに行ってムンスター大学の学生寮に入りました」

「受講生か何かで行ったんですか」

「そうなんです。その時は受講生として半年くらいいて、ムンスター大学の三回生として試験を受けて、合格したらそのままムンスター大学に入ろうと思ったんです。

受講生として学生寮に住まわせてもらってはいたんですけれども、結果的に語学試験が通らず、入学試験も受けられず大学進学は断念したんです」

「当然ドイツ語ですね」

ドイツにて　仲間たちと 25 歳

「そうです。ドイツ語ができなかったんです。でもこの時は、『どっちでもいいや』と思ったんです。大学に行くことが目的ではなかったので、そんなに真剣に勉強はやっていなかったですからね」

とは言え、試験も受けられなかったのは――ドイツでも大学に合格して卒業するつもりでいただけに――屈辱であった。

しかしドイツに渡ったことで、ヨーロッパも見て歩くことができた。

「それで日本に帰ってきたんですね。何歳でしたか」

「二十六歳だと思います。アメリカに四年半くらいいて、ヨーロッパに一年半くらいいましたかね」

「そういう動きを聞くと、世界戦略を狙

ドイツ、ムンスター大学学生寮の仲間達と

う時の基礎になっているような気がしますね」

「そうですね。やっぱり海外の経験が今につながっていて、リサイクルビジネスを海外で展開したいというベースにはなっていると思いますね」

「アメリカで最初のビジネスを始めたわけですが、その頃から自分で商売をやろうという思いはあったんですか」

「全く思ってなかったですね。ただアメリカは四年半くらいいて、いい経験をして楽しかったなあ。わくわくしたなあ。ヨーロッパにも行ってみたいな。と思っていただけですよ。大学に行くことが目的ではなかったんです。でも行った以上は何か一つのちゃんとしたものが欲しかった、それがたまたま大学だったというだけですね」

「それにしても、ゲアリーさんに出会ったというのはすごい出来事ですね」

「本当に彼に会わなかったら、たぶん、元の目的はお金がなくなったら帰ってこようでしたから、本当にそうなっていたかもしれませんね」

「福嶋社長の経験は、何か、今の仕事に全てが結びついているような気がします」

「本当にちょうど十九歳から二十六歳くらいまでの六〜七年というのは、今でもそこがチャレンジ精神のベースだったのかなと思いますね」

こうして福嶋青年は、日本に帰国する。


（十五年ぶりに一生の恩人ゲアリー氏と連絡がとれ、メッセージを頂いた）

生涯の友・進と暮らした想い出

Gary Geivet

進と過ごした日々は、本当にエイサイティングで、当時の出来事は今も鮮明に思い返されるよ。彼がバックパッカーとしてロスアンゼルスを訪れていた時に、たまたま僕と出会ったのがすべての始まりなんだ。少し話しただけで、陽気な進とはなんだか気が合いそうだと思ったんだ。

その当時、ちょうどルームメイトを探していたので、「よかったら僕の家に一緒に住む？」と提案し、二つ返事で決まったのを覚えているよ。まさかその後数年間も一緒に暮らすことになるとは、その時は誰も思っていなかっただろうけどね。

僕と一緒に住み始めてから、「泊めてくれたお礼に」と言って、進は庭の整理やプールの掃除を丁寧にやってくれてね。日本人らしい細やかな仕事ぶりと心遣いに感嘆し、その日の晩に「進、ずっと住んでくれていいからね！」と話したのを覚えているよ。そんなこともあって、僕たちはどんどん仲良くなったんだ。

その後、進は語学学校に通った後に、地元の大学に進学することになるんだけど、何を専攻していたかは覚えていない。ただ、進はアートに非常に興味があって、「絵画」のクラスを取っていたのだけは覚えている。

クラスの課題として、僕の家の外観をスケッチした時があったんだけど、そのあまりの技工ぶりにとても驚いたんだ。

今でもその絵は大事に保存しているよ。

進はその頃からとても「真面目」で「器用」だったんだ。

その証拠に、進がアルバイト先で知り合った人から「庭師」の仕事に誘われて始めたんだけど、ものの数週間で頭角を現し、リピートが絶えない状況になったんだ。その話を聞いて、僕はとても納得したよ。

彼の能力からすれば当然のことだからね。

その後、トラックを購入し、独立してからも大繁盛していたのを覚えているよ。その仕事ぶりは「奇跡の庭師」として街で噂になるくらいだったからね。友人の僕もすごく誇らしかったよ。

良く覚えていることがある。進は仕事から帰ると、その汗とホコリで疲れ切った体のまま、すぐにプールに飛び込んでいたね。

プールは、とても温かくて気持ちがいいからね。特に夏場はね。

ゲアリー　　進　　ジェフ

一度、進の両親が観光でカリフォルニアに来た時、一つの事件があったんだ。

ある朝、僕は仕事で学校へ、進はどこか出かけてしまったんだ。いつものようにアラームをセットしたままね。

彼の両親が、それを知らずドアを開けて、どうしたらいいかわからず困惑したことを思い出したよ。

今では笑い話だけどね。

進と共通の友達、Jeffと三人で住んでいたこともあったな。

そんな楽しい日々も過ぎ去り、進が日本に戻ることになったときは本当に悲しかったんだ。せっかく庭師のビジネスがうま

く行っているので、僕は引き止めたんだけど、「やっぱり僕は日本人だから、ゆくゆくは日本でビジネスをやりたいんだ！」という強い想いを告げられて、後ろ髪を引かれる想いで生涯の友を見送ったんだ。
いつの日か、再会することを約束してね。
帰国後、進は明子夫人と結婚し、長男の穂高君が生まれた時に写真を送ってくれたんだけど、その時の興奮は今でも忘れられない。
数年後、進の家族が僕の家を訪問してくれた時に、彼の子供達と実際に会うことになるんだけど、そのときの幸福に満ちた時間は、どう表現していいか分からないくらいだ。僕にとって、進の子どもたちもまた家族同然だからね。

——あれから何年の時が経ったのだろう。

長男の穂高君は、今では結婚して子どもがいるんだからね……

僕たちはすっかり年を取ってしまったんだろう。

進はリサイクルショップの社長として、今でもビジネスの最前線で仕事をしていることが何より嬉しい。

今でも「真面目」で「器用」に、仕事をしているんだろうね。

いつの日か、進のお店で買物をすることが夢なんだ。

進に出会えて、本当に幸運だった。進は僕の人生に彩りを与えてくれた。

これからもずっと、友だちでいてほしい。

had, and that was to draw a to scale map of our house. I was amazed at how detailed his drawing was, and I think I might still have that drawing today!

It was not too long after he came to live with me, that he felt the need of a job. I suggested he might think about landscaping and lawn care, and to that end, he eventually purchased a truck and lawn equipment. He was very busy, and in demand, as in this country Japanese are looked upon as miracle workers in the garden, and landscaping!

I do remember many times he would come home after working all day, dusty and tired, and immediately jump in the swimming pool in the backyard! It was hot in summers, and the pool was very welcome.

He was very enterprising!

He was a great help to me around the house, and there always was a pot of steaming rice in the cooker!

I must say he adapted very well to American food, and did enjoy lots of things I cooked, as well as going out for tacos,

Gary Geivet

I hope this is of some help. Age is creeping up on me, and some memories have faded a bit, but I think this gives a picture of our times together.

Living With My Friend, Susumu

It was quite a time ago, and as I remember, he was looking for a place to live while he went to school in America.
I was only too happy to have him as my friend and roommate, and from the very beginning we seemed to get along famously.

Shortly after he came to live with me, he registered for school. I cannot remember the classes he was taking, except he really liked art, and did some fine paintings while in that class. I do remember one assignment he ↗

pictures were sent to me, so that I felt part of the family!

It was great fun when he and his family came to visit ! The children were very little, and so very cute!

But I will never forget Susumu, who was with me for several years, only to become a very close friend.

Time has intervened, but I still have strong remembrances of such good times we had!

I was very lucky to have known Susumu Fukushima.

Gary Geivet

or some such~!

One time his parents came to visit, and see a bit of California. One thing I do remember, was one morning I had left for school, and I think Susumu had gone somewhere, and upon leaving had set the house alarm. When his father opened the door, of course the alarm began ringing, and no one knew how to stop it!
Both he and I were embarrassed to have that happen to his parents! But they were good sports and we all had a laugh about that incident!

For a time my good friend Jeff lived with us. We all three got along famously, as susumu did with my other friends.

Then the time came for him to venture home again.
I was sorry to see him leave, but he had big plans for his life in Japan. Of course the main reason, I think, was to marry his long time girlfriend! This they did, and I can remember a tape was sent to me of the entire proceedings so I was able to join in the joyous occasion.

It was not too long that his first child was born, and ↗

第四章　露店から始まった福嶋屋物語

自信に満ちた会社面接、ことごとく断られた

二十六歳でヨーロッパから帰国した福嶋青年は、いったん田舎の大三島に帰った。そこで一ヵ月くらい骨休めをしながら今後どうするかを考えた。

いたたま大阪でお兄さんが、自分で仕事をしていたので、頼って行こうかとも考えた。いや兄弟に頼るのは、自分のためにはならない。たとえ頼るにしてもそれは最後だ。自分の力で何かをやろうと決めた。自らの生き方が決まれば、あとは行動するのみ、大阪に出た。

大阪には南北に延びる地下鉄・御堂筋線がある。福嶋青年は新大阪の駅を降りてどこに行こうとも考えずに地下鉄に乗った。それが御堂筋線であった。

たまたま乗った地下鉄は南に向いて走っていた。梅田を経て終点のあびこ駅に着いた。

「ああ、ここが終点か。ならばきっとこのあたりは家賃とかは安いだろう」

それだけの理由で我孫子にアパートを借りた。

さあ、いよいよ職探しである。かなりの自信を持って、英語が活かせる仕事を優先に考えた。

「アメリカやヨーロッパ、海外に出て飛び回ってきた経験がありましたから、その時は英

語も完璧に近いくらいしゃべれると思っていました。すごい自信があったんですよ。

貿易関係の仕事をやりたいと思って、商社や貿易会社を選んで面接に行きました。最初の面接ではトントントンといくんです。だけど役員面接とかになって、最後に断られるんです。何で断られるのか自分でもわからないんです。

後でよくよく考えたら、自分みたいなのは危険人物に見られるわなと思いました。

アメリカでは、自分の考えや意見を主張するのが当たり前で、それは必要なことだとずっと教えられていましたので、自分はこんなことができると主張する癖がついているわけです。例えば、この仕事をやったら給料を一万円あげるよと言われると、自分は人がやる仕事の何倍もできるというんです。

面接した日本の会社でも、『君の初任給は十五万でいいか』と言われたら、他の人は十五万だろうけれども僕は絶対三十万の仕事をする。三十万とは言わないけれども、二十五万にしてほしいと面接で言っていたんですよ。

それが自分を売り込むために必要だと思っていたんですよ。アメリカではそういうように教えられていましたからね。

アメリカで通じても、日本ではそれが通じないんですね。たぶんこいつは、おもしろそうだけれども危険だなと思われたんでしょうね」

最初は断られても「僕のことを何もわかってないな」程度で軽く受け止めていた。しかし次の会社へ行っても面接で断られ、また行っても断られ、十社、二十社とその数も多くなっていった。それでも続けて面接に行くが断られる。

自信満々だった気持ちが、ついに折れかかった。

山高ければ谷深しのように、かなり強い自信があっただけに落胆は大きい。

「もう自分はダメなのか……」

ドイツに続いての挫折である。

「おっちゃんのこの仕事させてよ」

「我孫子という所には我孫子観音という大きな観音さんがあり、駅を降りるとこの観音さんに行く四〇〇メートルくらいの参道があるんです。ここに年中露店が出ているんです。魚屋さん、八百屋さん、生活雑貨、普通の作業着を売るような店が並んでいるんですね。

僕は田舎者ですから、近くにスーパーもあったんですけど、何かここで買い物をするのがおもしろくて、しょっちゅう食品も買っていたし、日用品も買っていたんですよ」

その中に、よく買い物をして顔なじみになっていた露店のおっちゃんがいた。

就職活動で自信をなくした福嶋青年は、ぐちをこぼすようになにげなく自分の気持ちを語った。そして心にもないことを口にした。

「就職うまいこといかへんねん。断られてばっかりや。おっちゃんのこの仕事させてよ」

露天商をやることなど全く考えていない。口が滑ったと言ってよい。

やはり希望は、ビジネススーツを着てネクタイを締めてする仕事だった。

「まさか小売りをするとか、露店をするとかは思っていなかったんですからね」

ところが、おっちゃんが、まさかの言葉を発した。

「にいちゃんがするんやったら、何でも教えたるで」

まさかの返答であるが、話の流れで会話が進む。

「仕事を教えてくれるの」

「俺はここでやっているけど、売りに行く先はいっぱいあるから」

とんとんとんと話が進み、おっちゃんは商品の仕入れや、よく売れるスーパーの前や、参道の場所を教えてくれた。

「本当に露天屋なんですよ。毎日違う所に行くんです。それが僕の商売の始まりです」

「露店を出すのに許可はいらないんですか。」

「いらないんですよ」

ただ、露店には露店のしきたりがある。おっちゃんはその点でもかなり力があった人らしい。例えばAという場所に露店を出す場合は「田中さんの名前を言え」と教えてくれた。

そのAの場所に行って準備をしていると「なんだお前は、誰の許しをもらって店を出している」と言われてしまう。「田中さんに言われてきました」と答えると、「田中さんが言うんやったらしようがないな」となる。

その田中さんが誰か、どんな人かもわからない。でも名前を知っているだけでも大きな効果があった。

「そこまで、おっちゃんは教えてくれたんです」

特に露店は出す場所によって売り上げが違ってくる。いい場所は取り合いになる。

「いい場所というのは、先に行った者勝ちなんですよ。僕なんか若かったですから、どうせやるなら勝ちたいみたいなのがあったので、人より早く行こうと思って暗いうちから行って並べておくんですよ。そうしたら途中から別の業種の方が来て、『ここ、お前、俺が今日出す場所なのに、何でお前先に置いてるねん』と言われるわけです。『田中さんに……』と言うと相手は納得するんです。場所によって出す名前はちがうんですが、おっちゃんから教えてもらった名前を、よく出していましたね」

「商売っておもしろい」今までにない感覚が芽生えた

露店で最初に売り始めたのは靴下であった。これが結構儲かった。

我孫子というのは大阪の南部にあり、靴下の産地である奈良の大和高田とは近い位置にある。そこには靴下の工場がいっぱいあって、生産過程でB品といわれる——ちょっと糸が引っ張っているとか、汚れがついたとかというレベルの——製品にならない商品がたくさんである。

「僕たちが見てもほとんどわからない。それをパートさんがはねて大きな段ボール箱に入れるんですね。これを糸代くらいで譲ってくれるんです。それをワゴン車で取りに行って目いっぱい積んで帰るんです」

自宅に帰って、片方ずつになっている靴下を売れるよう右と左を合わせてテッポウで止めて一足にし、商品として準備する。昼間は露店を出しているので作業は夜中になる。

そうやって商品化した靴下を露店で出すと飛ぶように売れた。売れれば売れるほど夜中の仕事は忙しくなる。

「結構おもしろかったんですよ。自分の作業代は入っていませんけど、儲かると思いますから夜遅くまでやっていてもしんどくないんですよ」

しかし露天商は、進んで望んでやり始めた仕事ではない。たまたまの発言がきっかけとなって、やり始めただけである。毎日、例えばスーパーの入り口の壁の前にベニヤ板を並べて商売する。露天で店を出すのは結構勇気が必要だった。

「やはりどこか恥ずかしさと惨めさがあったんですね」

そして露天で店を出すには縄張りがあるので、許可を得る。この点は、おっちゃんのお陰で随分と助かった。

ただ、家賃はかからない。露天での商売は儲かった。人の意識として、儲かればまた頑張ろうという意識も生まれてくる。

それが福嶋社長の心を少しずつ変え、商売に関する一つの目覚めがあった。

「露店を出しながら商売っておもしろいなという感覚が、たぶん自分の中に身についたんだと思うんですね。アメリカでやったガーデナーの仕事は、おもしろいというよりはアメリカで生活を続けるためにやっていたんです」

「でも、アメリカでガーデナーの仕事をやめる時には残念がられたでしょう」

「アメリカに住んでいる日系の方たちも、お前ここまでやっているんだからこっちに住んで、これで拡大したらどうだとよく言われたんです。

ただ、たまたまうまくいっていましたけど、その時の目的は商売をすることではなかったので、惜しくも何ともなかったですね」

儲かったガーデナーでは感じなかった「商売のおもしろさ」を、望んでやったわけではない露天商で感じた。

また、がむしゃらに頑張ることも、この時代に身につけた。

この商売人としての喜びを感じ始めた時に、福嶋社長は結婚している。

露天商二十七歳、盛岡明子さんと結婚

奥さんは同じ大三島の出身で、福嶋社長とは同級である。お互いの家は島の対称となる端と端に位置し、見合いするまで一度も会ったことはない。

この頃は二十六～七歳になったら早く結婚しろという時代、奥さんも親にそう言われ花嫁修業中だった。大阪で勤務していたこともあり、親戚の紹介で二人は大阪で会った。

「仕事が露店商と聞いて奥さんは驚いたのではないですか」

「家内もあんまり気にはしてなかったですね。ただ、僕のそれまでの経歴が非常にインパクトがあったみたいです。おもしろそうな人だなあという印象を持ったというふうに言っていましたね」

新婚　奥様明子さんとアメリカへ　27歳
アナハイムの丘から見たロサンジェルスの市内

「これは儲かる」次々と新規店舗を構える

ヨーロッパから帰国して大阪で就職活動を始めるものの、ことごとく断られ挫折、しかしそのお陰で露天商を始める。そして今まで抱いたことない「商売のおもしろさ」を感じ、経営に目覚め、時を経て結婚をする。そして次に向かって進み始めた。

露天商を始めて一年半、露店もおもしろかったが、普通に店舗を構えて商売をやっている人たちがうらやましく見えてきた。

「自分もああいうふうに店を構えてやりたい」

普通の経営者なら、ここで採算を考える。店を構えてやっていけるのか。初めての挑戦となれば、なおのこと慎重になって当然である。

しかし店を構えたほうが、きちんとした仕事をやっているように思えてきた福嶋社長。そう思ったら、すぐに動き出す。

「やりたいなと思って、店を構えることを決めたんです」

不思議なくらいに純粋な、いや単純と言ってよいほどの発想である。

おそらく福嶋社長に出会う人は、こういう福嶋社長の生き方、やり方に不思議さと驚きを感じていると思うが、本人はいたって冷静である。

「やりたいと思ったら、やるんですよ」

こうして福嶋社長は、福嶋屋という、靴下やタオルやパジャマを売る店を作った。

「今はそんなに売れませんが、あの頃は売れた時代だったんですよ」

大阪の環状線に寺田町という駅がある。そこから少し離れた所に生野銀座商店街がある。福嶋社長は、車でよくここを通っていた。たまたまこの商店街の一番端っこに、貸し店舗の案内をみつけた。

「それを見た時に、あそこだったら商売ができそうだと思って借りたんです。牛乳屋さんが閉められた店で、七坪でした。これが福嶋屋の一号店です」

「その時は一人だったんですか」

「僕だけです」

しかし、ここからまた福嶋社長らしい動きを始める。

「スタートして結構忙しかったので、パートさんを募集したんですね。一人、二人と入ってきてくれました。一ヵ月、二ヵ月と素人なりにやったんですけど、これは儲かるなと思って、二つ目の店を出そうと決めたんです」

その旨をパートさんたちにも話し、増員して時間の配分などもお願いした。そしてすぐ二号店を探し始めた。

「寺田町というのは環状線なのでわりとど真ん中なんです。八尾は大阪のちょっと端っこになるんですが、八尾の商店街で安いところがあったので、そこで二号店を出したんです。そこもうまいことといったんですよ」

たまたま始めた露天からの商売、福嶋屋の店舗数は増えていった。

「うまいことといったら、商売もおもしろくなりますね」

「そうなんです。おもしろいなと思ったら、ぐっと突っ込んでいきたくなるタイプなんですね。この頃からたぶんそういう気持ちが強くなっていったと思います」

最初から一つだけの店を、しっかりやっていこうという感覚ではなかったらしい。

「儲かるなと思えば二つ目、三つ目、四つ目と、増やしていきましたね。福嶋屋もピーク時は十五店舗くらいやっていました」

「大体お店の広さは、七坪とか十坪ですか」

「ほとんどそうです。大きなところだったら十五坪から二十坪ありましたけど、大体十坪くらいの感じですね。ちっちゃいところは、三坪くらいのところもありましたかね」

辞めていった社員の行為で商売の原点を知る

それだけ店舗が多くなってくると、経営者として一人前ですね」

「年商九億近くまで個人商店でやっていました。家内もよく言うんですけれども、あのころが一番裕福だったと」

「この頃、仕事に関してどんな思いでやっていたんですか」

「将来的にチェーン店にしようとかは全くなかったですね。三十歳前半くらいですから、今を一〇〇%やりきるくらいしか思ってなかったですね。

だから、先々の夢みたいなものは、そのころはまだなかったですね。ただ、もっと何かやれるかなというふうな思いは、ずっとありましたけどね」

一〇〇%仕事をやり、順調に店舗を拡大していった福嶋社長。突然、福嶋社長の生き方を根本から変える出来事が起きた。

すでに第一章で紹介しているが、信頼して金庫の鍵まで渡していた社員が、朝事務所に来て、店の鍵の束と金庫の鍵、ポケットベルを机の上に置いて、たった一言「お世話になりました」とだけ言って帰っていった。

福嶋社長は、恨みこそすれ、彼がなぜそういう行動をとったかを一年経っても知ろうとしなかった。しかしその出来事で自分の非を悟った。

「自分の考えは間違っていた」

この時の反省が根本精神になって、ベストバイのスマイルビジネスもロゴマークも生まれている。

「商売はおもしろい」と思っても、なんのために商売をやるのか。それがわからなかった。商売は一人ではできない。商品を仕入れるにしても、販売するにしても、多くの人の協力や支えがあって初めて可能になる。その人たちが笑顔になる。そこにベストバイのスマイルビジネスの原点がある。

福嶋屋に黒船「このビジネスでは絶対に勝てない」

ぐーっと業績を伸ばしてきた福嶋屋も、創業してから十四、五年経った頃、時代の流れが大きく変わってきた。いわゆる低価格の店が台頭してきたのだ。

「僕が靴下とかの販売を始めた当初は、ほとんどアパレル衣料品って日本製だったんです。そこから少しずつ日本のメーカーも中国へ工場を移していったんですね。

今まで我々が六〇〇円で仕入れて一〇〇〇円で売れていたものが、今度は中国製が三〇〇円で入ってくるようになった。見た目はあまり変わらない。それが一〇〇〇円で売れたらいいんですけど、他も安くなるから五〇〇円で売るようになってきた。では二倍で売れるかといったら売れないいんですよね。そういうふうな時代の流れで、だんだん売上げが落ちてきたんです。ちょっとこれは普通じゃあかんなと思っていたころに、特にユニクロとかしまむらが圧倒的な価格とボリュームと店舗の大きさで出てきたんですよ」

その大型店を見た時、福嶋社長は、これは自分の今まで考えていた商売の形では絶対にやっていけなくなると思った。

「吉田松陰が黒船を見たような感覚に近いと思うんですよ。日本では見たことがない大きな船を自由に操る力と戦って勝てるはずがないと」

ちょうど売上げも下がってきていたことから、時の流れとしてこのままではどっちみち近い将来やっていけなくなるだろうと予測はついた。

「実は最初、ユニクロのような店をつくろうと思ったんですね」

小売業を十年以上やってきた経験から、仕入の実際はわかっていたので、ユニクロがあの値段で売れるというのは理解できた。

「例えば二〇〇坪の店舗を借りた場合、家賃をこのくらい、運営上、月にこれくらいかかるというのは大体の計算ができます。そして利益を出して人件費をどのくらい使ってというようなシミュレーションをすると、どう考えても儲からないんですよ。いろんな店舗の形態でシミュレーションを自分の中で起こすんですが、どう考えても儲からないんですね。ユニクロとかしまむらって、どうやって儲けているのかな、すごいって思っていましたよ。でも当時はそれがわからないんですよ」

体力はまだある、新しい事業に挑戦すると決めた

そこで福嶋社長は、一つの決断をする。

「低価格大型店舗を相手に戦っては、絶対勝てない」

これから福嶋屋のビジネスは、どっちみちジリ貧になって沈んでいく。だったら今ここで新しいビジネスをやってみようと考え始めたのである。

「人が働く目的みたいなものは年齢とともに変わっていく。僕も二十代の時は、ただお金儲けがしたい、いい車に乗りたい、いい服を着たい、いいレストランで食事をしたいと思っ

て、ガムシャラに働いていたと思う。

三十代になると、少し変化が出てきて、自分以外の誰かのことを考えて働くようになった。家族の幸せのためだったり、一緒に働いている社員のためだったり……

そして四十代になって、また変わってきた。自分の今やっている仕事は世の中のためになっているだろうか……

そして、世のため、人のためになる仕事を、これからの残りの人生でやりたい……」

福嶋屋の店も十五店舗から最終的に八店舗まで減ってはいた。しかし幸いしたのは、まだ新しいことをやる体力は残っていた。


「年齢は四十三歳、今だったら自分も新しいことにチャレンジできそうだ。人との関係性を作ることも、だいぶ大人になってできるようになっていたし、体力もまだありましたからね。体力は徐々に落ちていくだろうけど、人間的な力が上がっていく部分を合わせれば、ちょうど今がベストタイミングじゃないのかと思ったんですね」

そう思うと福嶋社長は行動が早い。新規事業として何があるか。その情報を探り始めた。

ちょうどその頃、ブームとなっていたのが、写真のＤＰＥのチェーン展開があった。ＦＣ加盟を考え、福嶋社長は会社説明会やＦＣの事業説明会に行ったりした。

また一〇〇〇円カットの散髪屋で、全国展開しているＱＢハウスの展開もブームになり始めていた。「これもおもしろそうだ」と思って説明会にも行った。

「全然違うところで言うと、スキューバダイビングのブームがあり、スキューバダイビングのショップが結構増えてきた時だったんですよ。僕自身、そのころスキューバにはまっていまして、スキューバショップをやってみようと考え、実際にやりました。失敗しました」

あっさりと「失敗しました」と言う。取材する側としては、ここで「失敗した理由はなんですか」と聞きたくなるが、あえて質問はしなかった。

どうも福嶋社長は、失敗したからと言って、いちいち気にしない。それよりも次にどうするか。常に前向きにとらえて、手を打っていく。「だから今があるんですよ」と、物事を点でとらえるのではなく、線でとらえている。失敗があって今があるという、全てを学びとする姿勢である。取材全般を通して、福嶋社長のそうした生き方を強く感じる。

これと思う新規事業の説明会に行ったり、実際に手を出して失敗をしたりもした。

そうやって情報を探っている中で、ベストバイを始めるきっかけとなる一枚のファックスが、平野区にあった福嶋屋の小さい（三坪くらい）本社兼事務所に入ってきた。世のため、人のためになる仕事を探していた時に、ふっと出合ったのがリサイクルだった。

平成十五（二〇〇三）年五月、ベストバイを正式に株式会社として立ち上げる、一年半前のことである。

福嶋屋のその後

ベストバイを立ち上げてから三年近くは、福嶋屋もまだ福嶋社長が経営を見ていた。しかしその力の入れ方は、最初八対二ぐらいだったのが、九対一になり、また一〇対〇になっていった。売り上げのほうも減ってきていた。

その時点で福嶋屋は六店舗残っていた。店を閉めるにしても費用がかかる。パートさん、店長さんに引き継いでもらえるかを聞いてみた。五人の店長がやるということで、一店舗を閉めて五店舗を引き継いでもらうことにした。

一週間閉店セールを行い、その売上は福嶋社長が受け取り、残った商品と什器や店舗の備品は全部無料で渡した。家主さんには、交代する旨を話して引き継ぐオーナーさんに便宜を図ってもらうようお願いもした。

「パートさん、店長さんには喜んでもらいましたが、僕の方も閉店するより費用がかからず助かりました」

福島社長は、約二十二年間続けてきた福嶋屋を譲り渡し、ベストバイに力を集中させた。

第五章　ベストバイの誕生と挑戦

一枚のファックスが運命を変えた

福嶋屋に入ってきたファックスは、福嶋社長が依頼したわけではない。よくあるファックスサービスによるセミナーの案内であった。

送り主は、船井総合研究所。福嶋社長はこの時、船井総研の名前は知っていたが何をしているかは知らなかった。故に何で福嶋屋にファックスがきたのかもわからない。でも新しい情報に飢えていた福嶋社長は、その内容に飛びついた。

「3R（アール）がこれから面白い。リサイクルショップを立ちあげよう、みたいな内容だったと思います。そこにはセミナーの案内があったんです（3Rとは、リデュース・発生を抑制、リユース・繰り返し使う、リサイクル・資源として使う、の頭文字）。

見ればセミナーは翌日である。しかも会場は東京である。しかし強く興味を持った福嶋社長は、「何か面白そうだ」と思って東京のセミナーに参加した。

いくつかの新規事業の説明会に行ったように、福嶋社長は自ら足を運んだ。

講師は、まだ若い二十代の半ばに見えた福本晃先生だった。

セミナーは、郊外型リサイクルショップは、これから面白いとして、新規事業を勧める内容であった。

若い講師ではあったが、先生の話を聞いて「これだったら僕にできるんじゃないか」と福嶋社長は思った。

「もともと小売業ですし、中古品に対する『もったいない』という思いが、どこかにありました。それは、田舎のみかん農家で僕は生まれたんですが、朝起きたらもう両親は畑に行っているし、幼稚園から帰ってきても、まだ戻ってきていないんですね。

僕は、明治生まれのカツヨおばあちゃんに育ててもらいました。おばあちゃんはよく『ものを大切に』『もったいないので電気を消しなさい』『ちゃんと全部食べなさい』と言っていました。僕は『もったいない精神』を、この時に叩き込まれたように思います。

その思いは高度成長時代に、僕の中から消えていたか、もしくはちっちゃくなっていたと思うんですが、このセミナーでリサイクルビジネスが面白いぞと聞いた時に、それが甦ったと思うんですね。『あっ、これだ』と思ったんです」

セミナーに参加した福嶋社長は、そこで「リサイクルショップをやろう」と決めた。

ファックスを手にした翌日のことである。

やると決めたからには前に進むしかない。セミナーが終わってから質問のある人は残って担当者に質問してもいいということで、福嶋社長は福本先生に話を聞いた。

「それで、ますますこのビジネスに対し興味が深くなりました」

船井総合研究所の本社は梅田、福本先生はそのとき茨木が住まいだった。リサイクルビジネスのセミナーや店舗の見学会などで全国を飛び回っている。

「つぎ先生は大阪にいつおいでですか、事務所に何時に帰られますか」

今日は半日休みですという日には、「では半日お付き合いをお願いします」と無理をいう。船井総研とは契約もせずに、福本先生の帰りを待って話を聞きにいったりした。

まさに追っかけ状態、それでも福本先生は嫌がらずに丁寧に指導をしてくれたという。

福本晃先生

「素人考えですが、指導する先生が若いということで不安はなかったですか」

「それはなかったですね。知らないことを教えてもらおうという思いだけです。僕みたいに一匹狼みたいにやっている人間って、知識だけは教えてもらって、結局は自分が判断してやるもんだと思っていたので、先生が若いからというのはあまり気にしなかったですね。真剣にやってもらえたし、今もそうですが一所懸命の先生ですね。

福本先生のすごいところは——若いからだと思うんですけれど——ジャッジをしないんで

すよ。ある人は頼りないと言う人もいますが、僕はそれがすごく合うんですね。例えば出店する場合、『この店舗いいですか』と聞きますよね。しかし先生はいいとも悪いともよう言わないんですよ。言ってくれるのは実際に見て来た事例だけなんです。先生は、社内のミーティングとか会議とかに出ながら、一ヵ月のうち二十日くらい全国のいろんなリサイクルショップとか質屋さんに行っているわけです。だからいろんな現場の情報を持っているわけです。その事例しか言わないんです。

実はこれが僕の中では、最高の宝物だったんですね」

「それは、生の情報ですから参考になりますね」

「僕自身は当然、一ヵ月に二十日間も回ることはできないですから、本当に助かります」

「そして情報の提供を受けて、自分で判断するということですか」

「そうなんです。もともと僕は、最後は社長の決断で決めると思っていますので、指導する先生が若いというのは関係ないんです。年齢ではなく、先生が僕にあっているかどうかが大事なんです。

その点、福本先生がジャッジしないということで、僕は随分勉強になっているんです。それが全部、経営に生きてくるわけですからね」

福本晃先生が福嶋社長に最初に会った時の印象

「経営者によって、参入されるにあたって温度差を感じています。福嶋社長は圧倒的に熱が違っていました。この方は伸びるなと感じました。福嶋社長は言ったからにはやる人と見て、私もできる限り力になろうと思いました」

リサイクルビジネスをするにあたっての覚悟

「正直に言うと新しいことにチャレンジしている時は、たぶん不安は本当にあると思うんですよ。あると思うんですけど自分の中では、『ああして、こうして、こうやって、ああやって』という思いの方が勝っているので、不安というのは覆い隠されているというか、かき消されている感じだと思うんですね。それがたぶん一番正直な感覚かなと思いますね」

「そうでなかったら前へ進めませんね」

「なぜかというと、今でも覚えているんですけど、靴下屋をずっとやっていて、今度リサイクルをする時に、家内と子供を全員集めて、『お父さん、これからこういうことをしようと思っている』と話をしました。その時は、いま会社の社員研修所として使っている建物に住んでいたんですが、車もそれなりに普通の乗用車に乗っていたし、家内は家内で自分の車に乗っていたし、子供たちも贅沢はさせてなかったんですけど何不自由のない普通の暮らしをしていたんですね。

『もしうまくいかなかったら、この家を出ていかなあかん。どこかちっちゃなアパートに家族で住むようになるかもわからない。けれども心配しなくても、お父さんはまだ四十三歳で若いし、何としてでも学校は行かしてやる。それは安心してくれ。でもこの家に住めなくなる可能性があるから、それは覚悟しておいてくれ』という話をした記憶があるんですよ。だからそこには不安とかじゃなくて覚悟はあったんです。家内も僕が言い出したら聞かないというのを知っていますから、しようがないねというふうに言っていましたね」

社員ゼロ、株式会社ベストバイを設立

この時はまだ、福嶋屋をやりながらなので、リサイクルの新規事業に取り組んでいるのは福嶋社長のみである。セミナーに参加してから、メインとして福本先生から指導を受けながら約一年、リサイクルショップを始めるにあたっての勉強をしてきた。

店を始めるには、店舗が必要である。物件を決めようということになった。

その当時、福本先生が言われていたのは、二〇〇坪くらいの物件で、周辺人口十万人以上とれる場所なら、売り上げは月一〇〇〇万円以上いくということであった。

それを目安に、店の大きさは二〇〇坪、周辺人口が十万以上ある場所の物件を探しはじめた。

そのときはまだ株式会社ベストバイは存在しない。個人商店福嶋屋でやっていた。

いい物件があると、申し込む。

いい物件ほど、いろんな業者が申し込んでいる。

数件あたったが、なかなか決まらない。

「何なのかな」

賃料では負けていない。思いもしっかりオーナーさんに伝えている。それなのに必ず競合の業者に負ける。その理由がなんであるか、わからなかった。

そんな時、あるオーナーさんのひと言がヒントになった。

「個人商店さんではね、最低株式会社の組織でないと、なかなか二〇〇坪の物件をお貸しするのは難しいですね」

福嶋社長は呑み込みが早い。申し込みは「個人商店福嶋屋」だった。

「そうなんだ」と、早速、会社を作った。

会社名　株式会社ベストバイ
目的　リサイクルショップ
店舗　なし
社員　なし（福嶋社長一人）
登記日　平成十五（二〇〇三）年五月二十二日

株式会社ベストバイは、社員は誰もいない。福嶋社長一人が担当していることは変わらない。変わったところは個人から株式会社になっただけである。

その状態で店舗探しを始め、どんどんと申し込みを出した。

個人商店福嶋屋では、検討の対象にもされなかったのが、検討のテーブルに載せてもらえるようになった。

「業績はゼロですが、株式会社という組織にしただけで検討していただけるようになりました。一号店の茨木店が契約できたのは七月、買い取りを始めたのが八月、グランドオープンしたのが十月の頭です。店舗が決まったのは株式会社にしたお陰と思っています」

良品買館一号店、茨木店買取オープン

店舗も決まり、トラックを購入し、従業員の募集にとりかかった。

店舗にはまだ看板がついていないので、福嶋社長がトラックに乗って写真を撮り、それを使って「リサイクルショップを立ち上げます」というチラシを作った。

「なかなかユニークなチラシだと反響をいただきました」

というものの、初めてリサイクル店をスタートさせるということで、やはり大変さがあった。

福嶋屋を拡大していく中で、新規開店は何回もやっている。しかし十坪から十五坪程度の店舗から二〇〇坪の店舗となると、十四倍から二十倍の広さがある。感覚的にも実質的にも全然違う。

「働き手も私とパートさんが二人くらいだったのが、社員が三人も五人もいる。パートさんが十人も二十人も必要になるという店舗にチャレンジしたわけですから、なかなか思うようにならない。ということでこのようなチラシで募集することになったのです」

福本先生からリサイクルの原則を学んで、いろいろとアドバイスももらっていたが、まっ

トラックは手に入れた。
土地も手に入れた。
あとは働く仲間だけだ！
TOYOACE G25
ベストバイとして初めての従業員募集チラシ

たく経験のない新規ビジネスである。買取オープンまでどのように準備をしたらよいのか。やはり不安があった。

「どこか研修に行かせてもらう所はないですか」

福本先生に相談した。

「なかなか関西とか中部地方では受け入れてもらえずに、青森にあるリサイクルショップならいいよということで受け入れてもらいました」

査定ってどうやって、やっているのか。

出張買い取りって、どうやっているのか。

商品を、どうやって並べているのか。

三日間の研修だったので、全体的な流れだけ教えていただいた。

大阪に帰ってきて、八月二十八日が買取オープンの日、グランドオープンに向けてベストバイが動き出した。

しかし最初は全くの素人集団。

「初めての経験ですから、いくらで買ったらよいのかがよくわからない。全部一〇〇円にしようか……いろいろ教えてはもらっていたけれどもよくわからない。ブランドもののルイビトンがきた……。この人真面目そうだから本物だろうというような感覚でした」

八月二十八日は木曜日、第一日目の買取件数は三件だった。

その当時はまだ、リサイクルで物を売るということはあまり一般的ではない時代、「何でも買いますよ」というチラシを入れても、まだ興味を持ってもらえなかったのか、それにしても三件は期待はずれであった。

チラシも工夫して作り蒔いたのに……。まだまだリサイクルビジネスは早いのか……。木曜日ということもあるのか……。そんな思いで初日は終了した。

そして次の日の金曜日、多少の増加を期待したが、買取件数は、なんと二件であった。店は開店休業状態。

こうなれば福嶋社長は行動が早い。

店にはチラシの募集で採用した従業員とパートさん、合わせて十数名を店に控えさせていた。この買取件数では、もったいない。三日目は土曜日であったが、そう件数は増えないだろうと、三人を残して研修に出した。

「店に出ていても暇ですから、福本先生にお願いしたんです。僕も行きました」

福本先生の指導でリサイクルを始めていたネクストさんが研修を受けてくれた。

ところが三日目の土曜日に、買取が爆発した。

「社長、三十数件きました。店にいる担当者は、どう買い取ったらよいかさっぱりわからない。えらいことになっていると連絡が入ったんです。でもこちらはせっかく受け入れてもらった研修です。しっかり受けることにしました。

研修を終え店に帰ってきたら、大変なことが起っていました。お客様に店に来ていただいたものの、担当者が査定の仕方がわからないと残ってもらっていたのです。七時間待ちですとか……そんな状態でした」

良品買館一号店、茨木店グランドオープン

そうした現場体験をしながら、だんだんと感覚がつかめていった。買取件数が増えてくることで、社員もパートさんもオペレーションがスムーズになっていった。

初日、二日目の買取件数がうそのように、九月いっぱいまで順調に買取が進み、茨木店の店が商品でいっぱいになった。

「置く場所がないくらいまでになり、通路に積み上げていました。ギフトのコーナーの棚をいっぱいにして、通路の床からそのまま積み上げた状態でした」

第１号店、開店時間を前にお客様の列ができていた

いよいよグランドオープンである。

「これだけ商品が集まっていれば、お客様は見ています。十月二日のオープンには沢山のお客様が来ますから、チラシは入れなくていいですよ」

福本先生のアドバイスに従い、開店一週間前に、店の入口にグランドオープンの案内（ポスター）を貼り出した。

本当にお客様は来てくださるのだろうか。

「初めての業種、初めての開店、本当に不安でした」

福嶋社長は、開店当日の朝三時まで開店の準備を行い、いったん自宅に帰ってシャワーをして着替え、二時間くらい仮眠をして、朝の六時半くらいに

開店当日　店内の風景　沢山のお客様に感謝

店舗に戻った。

「いまもそうですが茨木の店舗の二階に事務所があります。お客様が来てくれるのかと思いながら、不安になりながらオープン準備をしておりました」

朝、九時半、福嶋社長は「どうなのかな」と二階のカーテンをちょっと開けて駐車場のほうを見た。


「自分でもビックリしました。初めての業態でチラシも入れていなくて――買取の準備もでき、いよいよこの日から販売を始めるグランドオープンですよ――というポスターで告知しただけです。開店の三十分前に数十名のお客様に並んでいただいたのです。非常に嬉しさと怖さを感じました」

十時開店と同時に、店舗内はごったがえした。レジは一台、しかもまだ慣れていない。

「いまでも覚えているのは、一台のレジで対処していたので、お客様お目当ての商品を籠にいれて並ぶわけです。何十メートルの列になり、朝の一番で十分くらい経って並び始めたお客様が、レジが終わったのが午後一時半という状況でした。

『俺三時間半待ったぜ』とお叱りを受けたことを覚えています」

お客様に迷惑をかけたグランドオープンではあったが、「非常に嬉しい限りの開店でした」と福嶋社長は述懐する。

「これはいける」三ヵ月も経たないうちに二号店を開店

「元来、いけると思ったらすぐにやりたいタイプですので、このビジネスはいけそうだなと思いました。すぐに二号店をやろうと決めました」

良品買館の一号店、茨木店をオープンしたのが十月二日、それから三ヵ月も満たない同年十二月二十日、大和高田店をオープンした。

「それにしても、買取から始めるわけですから、資金は相当必要だと思うのですか、どうされたのですか」

「福嶋屋をやってきたものの、リサイクルビジネスは初めてです。一号店は多分六千万円くらいの投資だったと思います。力もない、信用もないので、銀行からお金が借りられなかったのです」

そこで福嶋社長はお姉さんの所に、銀行融資のことでお願いに行った。

「僕の義理の兄が広島で会社をやっておりまして、資金の相談に行きました。僕が始めた新しいビジネスがうまくいくかどうかもわからない。僕の中にも絶対に成功するという自信があったわけではありません」

「そうした中で頼むのも相当の覚悟があったと思うのですが、頼まれたほうも困ったでしょうし、迷ったでしょうね」

「僕はやりたいという思いが強くて、そちらのほうにばかりに気持ちがいっていました。本当に無理を言って融資の便宜を図っていただきました。本当に感謝しています。そのときの融資があったからいまこうして十年、ここまで来ることができたと思います。

後でわかったことですが、家も何も全部担保に入れたとか、僕のために夫婦喧嘩もやったとか、夫婦関係までおかしくなるようなこともあったらしいんです。一所懸命稼いだお金が、もしかしたらどうなるかわからない。僕は『ちゃんとするから何とか応援してよ』と頼むだけでしたから、本当に勝手なものです。そうした姉夫婦の話を聞くと、本当に辛かったですね」

こうした人様から受けた恩は、時間が経つにつれ、会社が大きくなるにつれ、過信が生まれ、往々にして忘れてしまう人が多い。

しかし福嶋社長は、次に述べる大きな災難に遭遇した時もそうであるが、これまで沢山の人達に支えられ力をもらってきたことを忘れない。

第一章に述べたように、まさに感謝あるのみ。決して驕ったりはしない。

いや、それだけではない。感謝を「ベストバイグループの価値観」として文章化し、感謝の生き方を追求している。

ベストバイグループの価値観

満足よりも感動を、感動よりも感激を、感激よりも感謝を

顧客満足度の最上級〝感謝〟を追求する

リサイクルビジネスを通して世界一〝感謝〟をいただける企業に

これは現在、ベストバイの企業ビジョン「我々はリサイクルを通じて世界一〝感謝〟を頂

ける企業を目指します」という言葉になって引き継がれている。

それにしても福嶋社長は決断と行動が早い。何かに挑戦するとき普通の人間は、不安と希望が同居するはずである。福嶋社長の場合は、やりたいという気持ちが全てに優先し、不安は飛んでしまうらしい。やることだけが頭にあり、不安は浮かんでこないのだ。

だから前向きに挑戦できる。

後はやってみてからの問題。たとえ世間から見てそれが失敗であっても、それを次の行動に生かしていく。

事を為す人として最も必要な素質を持っている。

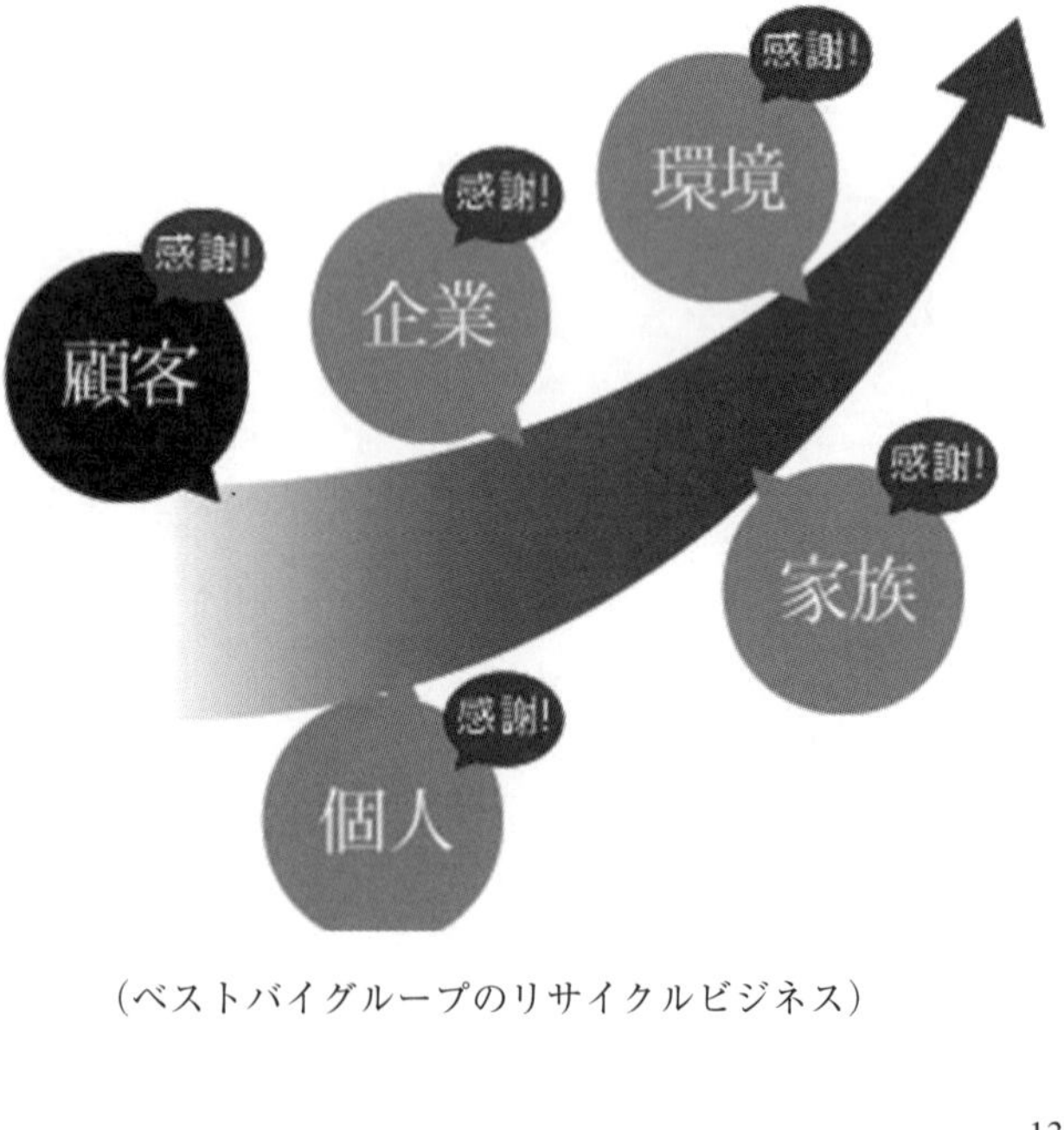

（ベストバイグループのリサイクルビジネス）

ベストバイに災難―その① 大和高田店の火災

一号店（茨木店）、二号店（大和高田店）とも順調に売上を伸ばしていることから、福嶋社長はさらなる拡大をめざした。三号店として四〇〇坪の奈良店を開店させた。

店舗の拡大を追ってみると次のようになる。

二〇〇三（平成十五）年十月　第一号店　茨木店を開店
二〇〇三（平成十五）年十二月　第二号店　大和高田店を開店
二〇〇五（平成十七）年五月　衣料専門店ＳＴＹＬＥ、ＺＯＯ　天理店を開店（翌年九月閉店）
二〇〇五（平成十七）年十月　第三号店　奈良店を開店
二〇〇五（平成十七）年十二月　第四号店　東大阪店を開店

平成十八（二〇〇六）年も明け、順調に滑り出していた一月十四日、放火によって大和高田店が全焼する災難が起きた。

その第一報を福嶋社長は電話で受けた。

「社長、店がモエテいます」

福嶋社長は、店が繁盛し社員が燃えて仕事をしていると勘違いした。

「凄いじゃないか」

「そうじゃないんです。火事で店が燃えているんです」

そこで初めて現実を知った。

「茨木店が黒字になって、次の大和高田も黒字になって、三つ目の奈良店をやり始めた時だったんです。茨木店では約六千万円、大和高田店では約五千万円かけましたが、奈良店は一億円くらいかけたんです」

一億円の投資とは凄い。福嶋社長の

火災直後の大和高田店の内部

力の入れ具合がわかる。しかし、その返済をあてにしていた店が全焼してしまった。

「自分の持っている力の一・五倍くらいのものをここに突っ込んでやったチャレンジングの店を作ったんです。

茨木店も大和高田店もすごい順調だということで、その利益を全部吸い上げて奈良店の支払いに回すことを前提に、投資して作った店舗だったんです。

その約三ヵ月後で大和高田が丸焼けになったんです。丸焼けになったわけですから、売上はゼロになります。それだけで日々のお金が回らなくなるんですよね」

お金が回らなければ店はやっていけなくなる。

「周りのみんなも、これで終わったなと思っていたんですよ。僕もこの時は、終わったと思ったんですね」

もしここで「本当に終わり」と福嶋社長が思ってしまっていたら、今日のベストバイは存在していない。

福嶋社長自身も「僕も終わったと思った」ということからすれば、これで終わりになっても何の不思議ではない。周りの人達も当然と納得したはずである。

ところが、普段は大人しい、茨木店のクルーとして働いてくれている山口さんが、

「俺は絶対負けへんで。頑張らなあかん。絶対負けへんで」

と言ってのけた。

みんなが意気消沈している中で、「俺は絶対負けへんで」と言うには、相当の覚悟が必要だったに違いない。福嶋社長の心に火をつけた。

「だったら僕、もう一回頑張らなあかんなと、気持ちを切り換えたんです」

山口さんの言葉が、福嶋社長を動かした。

実は、大和高田店が火災に遭う二ヵ月前くらいに、埼玉のドンキホーテが放火されたあと連続放火事件が起きていた。

大和高田店の場合、多分この子が犯人だろうという映像は残っていたが、火をつけたところは写っていない。それで消防も警察も、最終的には犯人が誰か断定できなかった。

夕方四時頃（営業中）、火の気が全くないベッドのマットレスから火が出た。それが立てかけていたマットレスに火がついて天井に廻り、煙が充満。

火災報知器が鳴り出して、店長と従業員はお客さんを連れて出して、消防署に電話をして消防車が来た。煙が勢いよく出ており中には入れない。外からの放水のため、中の火はなかなか弱まらない。結局は全焼してしまった。

「火が全部に回ったというよりも、水で全部だめになったんですね」

「本当にどうしようもない災難でしたね。しかし山口さんの言葉で、やろうと決意しても、実際はなかなか大変だったと思うのですが、何から手をつけたんですか。資金面ですか」

「全焼になりましたので火災保険が入ってきました。もちろんそれでは足りません。すぐに事業計画を作り銀行に持って行きました。一号店、二号店が順調にいっていたというベースがあったので銀行さんも理解してくれたと思うんです。またあの頃は今とは違って資金の融資をしてくれる銀行があったんです。こちらも必死でしたから、真剣に事業計画を説明しお願いしました。それで融資を受けることができました。本当に助かりました」

火災後、新規店舗の拡大を一気に進める

二〇〇六（平成十八）年一月に放火があった後、「いざ頑張るぞ」と思っても現実を目の前にするパートクルーさんから、なかなか前向きな姿勢が見えてこない。

「三月、みんなの気持ちが沈んでいたんです。今を守りにいくか、一か八かで攻めにいくか、

どっちかだと思いましたね。僕は攻めにいく方をとったんです」
福嶋社長は、自身の一大決意をみんなの前で発表した。
「一気にこれから店舗を展開する。一気に店を出すぞ」
その言葉通り、
四月には摂津店、
五月には田原本店、
六月には長吉長原店
次々とオープンさせた。
さらにブランド&ジュエリー買取専門店「キングラム」を、この年に一号店、二号店、三号店とオープンしている。
見事なまでの店舗展開。福嶋社長は、放火で全焼した災難を会社発展のバネにした。まさに社長の決断が社員、パートクルーさんの気持ちを変え、会社を変えた。
「ここから一気にいくぞといって、一気にいったんです。どっちにするか迷って、意気消沈しているみんなの気持ちの逆をとって、そんなことを言っている場合じゃない。俺等は攻めに行くぞみたいな。本当に無茶しました」
こういう時こそ福嶋社長の得意技、「やるか、やらないか」ではない。やることしか考えないで前に進む。やることに全てを集中するのである。それに社員、パートクルーさんが一体となって動いてくれた。だからこその結果である。

その後も「良品買館」、「キングラム」の新規開店は続く。「キングラム」は数が多いので、ここでの紹介は略し「良品買館」を紹介すると次のようになる。

二〇〇七（平成十九）年、一月には伊丹店、

六月には高槻店、

八月にはＦＣ高田店、

九月にはＦＣ狭山亀ノ甲店、

十月には寝屋川店、

十二月には杭瀬店

良品買館寝屋川店（2007 年 10 月開店）

一年で六店舗を開店した。

七月には、本部を大阪市天王寺区上本町に移転している。

ベストバイに災難―その② 主力店長三人が辞め同業をオープン

店舗数を増やし、業績も順調に伸ばし続けて事業の成功法則も見え始めた二〇〇八（平成二十）年、ベストバイにとって二つ目と三つ目の大きな災難が襲ってきた。

二つ目とは、当時会社の主力だった店長三人が突然退職すると言い出したのである。

会社経営にはよくある出来事であるが、ベストバイのスタートのときから共に頑張ってきた、同志的存在のナンバー2、ナンバー3、ナンバー4の三人であっただけに福嶋社長はショックだった。

しかし経営者としては、これも現実問題として受け入れなければならない。

「彼らは、休みなく朝から晩までがむしゃらにやってくれたんです。少し落ち着いてきて、彼ら自身もこのビジネスに対する将来性も感じつつ、自分がやったらこういうふうにできるという自信も持ちつつあったと思うんですね。

実際には僕を裏切ろうと思って辞めたわけではないと思うんですが、ナンバー4の子の家が商売をやっていて、だったらお前独立してやったらどうかということで、彼が自分でやる気になったと思うんです。その子が社長になって、今のところでやるよりも二人で新しい店をやろうとナンバー3の子を誘い、二人は先に辞めました。

もう一人、ナンバー2の子は、当初そのつもりはなかったんですね。二人よりも兄貴分なんです。社長になった子から、一緒にやってほしいと強く頼まれたというんです。実は彼、誘われていると相談にきたんです。『お前の一生だから、お前が決めたらいいけれども、どうなんだ』と聞いたら『一緒にやってみたい』というので認めました。全部正直に言ってくれたんで気持ち的にはすっきりしたんです。

ナンバー4の子は、全部正直じゃないけれども、でも親父の金で自分の会社を興すというのは何となく僕に言っていたんですよ。しかしナンバー3の子は、辞めるのが申し訳ないと思ったのかどうか、親父が病気で云々という話をしたんですよ。あとでそれが嘘とわかって悲しかったですね。それがあったんで、正直に言ってもらって僕も納得したわけです。

結果的には三人とも会社を辞めて新しいところでスタートしました」

主力の三人が辞めたことは、会社にとって大きな痛手である。しかも同業で店を開くとなれば、なおのことである。

事実福嶋社長は、この時期、自己嫌悪に陥ったという。何事においても前向きな福嶋社長が、である。それだけ共に戦ってきた同志が辞めていくのは辛かった。

しかしこの場を救ってくれたのは社員、パートクルーのみんなだった。特に辞めていった店長の下でチャンスを狙っていた社員が、ここぞとばかりに力を発揮してくれた。

現にベストバイは、その後、急拡大を果たしている。

まさに「ピンチはチャンス」と言える。

しかし、何事も結果が出てから評論するのは簡単であり、誰にでも言える。大事な点は、ピンチをチャンスに変えたという事実である。

難局に立ち向かって、ピンチをチャンスに変えた社員、パートクルーさんの成果である。

ベストバイに災難—その③　リーマンショック

一難去ってまた一難、三つ目の災難がベストバイに襲ってきた。誰でも知るリーマンショックである。二〇〇八（平成二十）年九月十五日、アメリカ合衆国の投資銀行であるリーマン・ブラザーズが破綻して、世界的金融危機（世界同時不況）の大きな引き金となった事件が起きたのである。

景気の動向を端的に示す株価は下がり、倒産する企業も次々と出て来た。デフレ経済の中での不景気、一気に消費が冷え込んだ。

その影響で、当時、事業の柱であったキングラム事業が突然大赤字に転落したのである。金、プラチナの相場も半分まで下がり、高級時計の相場も大きく下落、ブランドバックの相場も半分まで下がり、キングラム事業自体の存続も危ぶまれた。

「しかし社員たちは、自分の休みを減らしてでも、あらゆる経費を削ってでも、なんとか自分たちでやりくりするからと、背水の陣で耐えて頑張ってくれました。そしていまに繋げてくれました」

ここでもまた社員、パートクルーさんの頑張りがあった。

放火による火災、主力店長三人の退職と同業のオープン、リーマンショックという大きな難局を乗り切ったベストバイは、その都度、それを次の成長のきっかけとしてきた。

いや、言葉でそれを言うのは簡単である。

福嶋社長を中心に社員、パートクルーさんがそれこそ必死で頑張ってきたからそれが成し遂げられた。その成果である新規の店舗数はここに書ききれない。

詳しくはベストバイのホームページをご覧いただきたい。

売り上げを見てもそれがよくわかる（次ページ参照）。

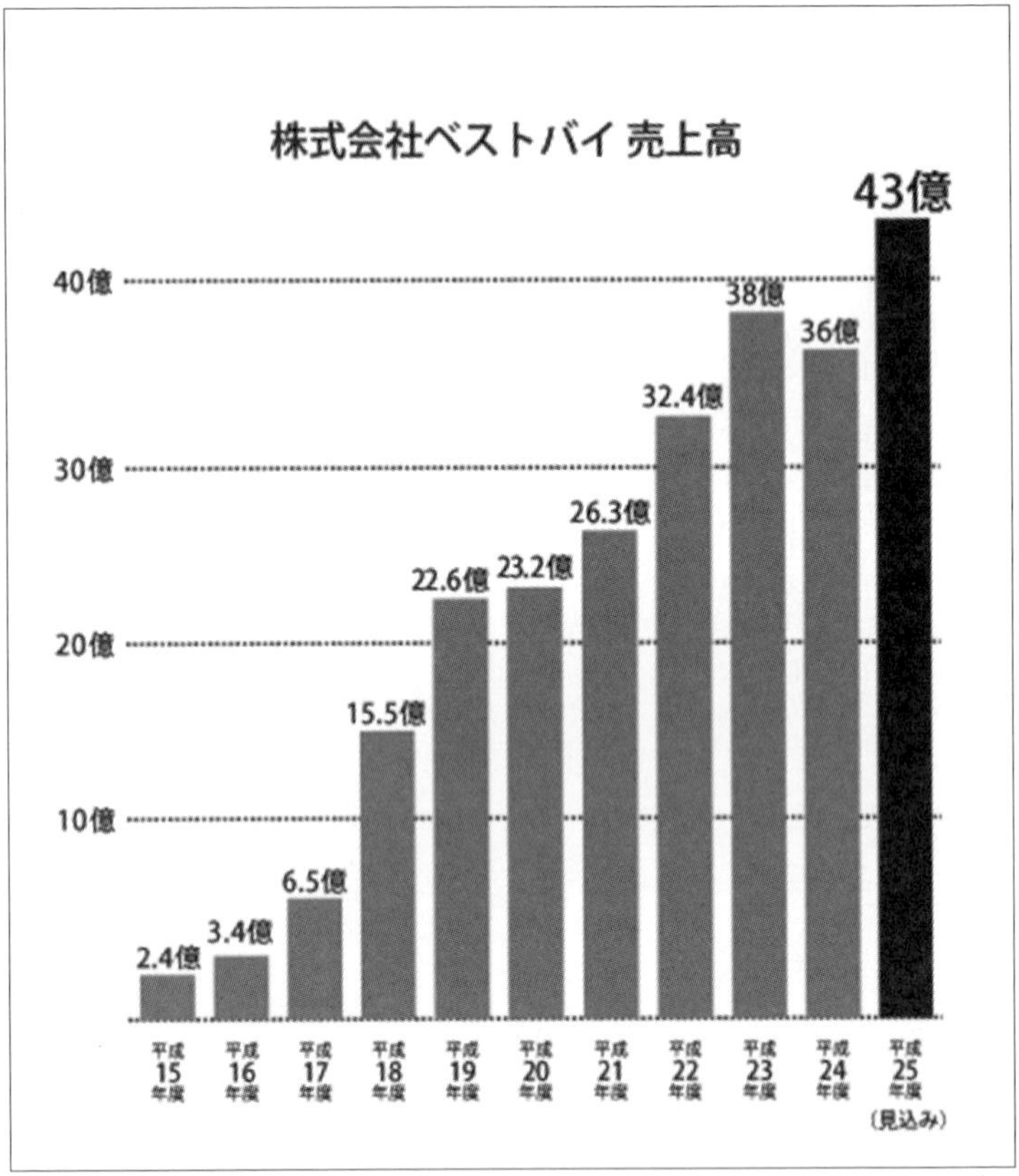

ベストバイ創業から１０年間の売上高

そして「世界一」をめざしている。

今後の成長が大いに期待できるベストバイ、平成二十五年五月二十二日の全社員会で福嶋社長が語った「ベストバイこれからの十年」を紹介しこの章の終わりとしたい。

十周年の全社員会、福嶋社長まとめの言葉

我々にフォローの風が吹いている

初年度二億円だったのが十年経って四十億円になりました。

十年で二十倍の規模になりました。

良品買館からスタートして、その中にあるブランドコーナーが非常に調子がいいということで、キングラムという時計、ブランド、ジュエリーを扱う専門店を立ち上げました。

二〇〇六（平成十八）年ですから七年前になります。

このキングラムが順調にスタートしました。

キングラムの一号店をオープンしたのが十月一日、その一日で目標としていた月の買い上げ額の三分の一ありました。これはうまくいくだろうと、すぐに、その日に二号店を開くことを決めました。

そこから一気に店舗を増やしていきました。

そして二〇一〇（平成二十二）年九月、我々の事業を成功モデルにしてフランチャイズ化を決定しFC事業部を立ち上げました。今は直営が四十数店舗、フランチャイズ店さんが六十数店舗、一〇〇を超えています。


これから先、十年後の売り上げを、今までと同じように考えていけば、二十倍ですから八〇〇億円となります。

いま僕の頭では一〇〇億円の道は、明確に見えております。

三〇〇億円の道も、ある程度見えております。

一〇〇〇億円の道も、長期計画に入れ込んで進めているところです。

各事業部の計画はそれぞれの発表に任せることにして、大きくベストバイ

キングラム十三店　2006年10月開店(1号店)

は、どのような方向を向いていくのか、何をめざしていくのかをお話しします。

　十年でなんとか一〇〇人を集めて社員会を開けるような組織として整ってまいりました。これからは今までのスピードを遅らせることなく、次の十年に向けて出発していきたいと思います。

　先月「ぶっちぎる」話をさせてもらいました。

　今はぶっちぎるチャンスだと思っています。

　リサイクルという「もったいない」を中心にエコを追求するビジネスは、これからますます伸びると思っています。

　関西において我々は、ぶっちぎりで

良品買館千里丘店（2013 年 3 月開店）

やって行こうと考えています。

次の十年、関西から全国へ、そして世界へ大きく飛躍する十年になると思っています。

いま我々は株式上場に向けてスタートを切りました。三年後の上場をめざして頑張っていきたい。直営店を関西のみならず、いま関東に支店を出して、関東で直営、フランチャイズ店（FC）さんを展開していきたいと考えています。

FCさんにおいても、新しく開発していくビジネスモデルを通して、とりあえず三〇〇店舗をめざしております。

これからの十年も非常に楽しみがあると思っています。

時代の流れというのは、我々にとって非常にフォローの風が吹いていると思います。

このフォローの風が吹いているチャンスを逃すのは賢者ではないと思います。我々は賢者にならなければならない。そのためには、今の流れをつかむ必要が絶対にあります。

チャンスをつかみ、ものにして次の十年、大きく飛躍していきたいと思います。

ベストバイの成長を支える五本柱

いま我々は総合リサイクルショップ良品買館、ブランド&ジュエリー中心に買取販売をやっているキングラム、その二つのビジネスモデルを展開するフランチャイズ事業、この三つの大きな柱でこの十年を戦ってきました。

これからこの三つの柱に加え、いま新たに作りあげようとしている事業、「アシタヘデンキ」という名前のリペア店です。

これはまだ全社的には発表していませんが、メーカーさん側から一部不良であるとかで不良品として産業廃棄物として処分されている家電、家具中心の、世の中に陽の目を見ない商品を、リペアセンターを社内に新設して、このリペアセンターで我々が修理をしたリペアというかリメイク品を売るベストバイの専門店を展開していきたいと思っています。

これは我々の四本目の柱であり、これからの十年を戦う大きな武器になると考えています。

プラス、いま我々がやらねばならないもう一つの大きな武器は、以前からずっとやりかけてはうまくいっていない古着の専門業態を、ベストバイの柱とするため、これも良品買館から独立させて専門業態として強いものにする。

①良品買館、②キングラム、③フランチャイズ事業、④リペア・リメイク品販売の専門店アシタヘデンキ、そして⑤古着の専門業態の五本の柱を、我々がこれから戦う武器にして次の十年を戦いたい。

我々は十年後業界の雄となって、トップとなり続けるためには、この五本の武器を持って戦っていきたいと考えているのが今日のこの日です。

これを達成して人が羨《うらや》む会社にしていきたい。僕も好きな言葉ですが、「ベストバイってすごい会社だな」と皆さんの知り合い、友達に言ってもらえる会社に、皆さんのお子さんが働きたいと思ってもらえる素晴らしい会社に作り上げたいと思いますので一緒に戦っていってください。

これからの十年、みんなと一緒に頑張れることを希望して今日の話を終わります。

宜しくお願い致します。

お元気様です。

第六章　福嶋進の生き方を探る

なぜベストバイは、成長し続けることができるのか。

なぜ社員、パートクルーさんは、そこまで頑張ることができるのか。

それを知るためには、会社の要である福嶋社長の生き方、考え方を知るしかない。福嶋社長の歩みと日頃の行動を取り上げ、福嶋社長の行動の原点なるものを探ってみたい。

アメリカに行く流れができていた

アメリカへの単独渡航は、育った環境とその後の体験が、極めて大きく影響していると言える。

大三島の若者は、島から出ていくのが普通の感覚としてあった。

お父さんの「人の生き方を教える」口癖の言葉があった。

「憂き事のなおこの上に積《つ》もれかし、限りある身の力ためさん」

「人間到る処青山《せいざん》あり」

加えて「農業を継ぐ必要はない」と聞いていた。

田舎ゆえの環境から、都会への憧れが強くあった。それが田舎者という劣等感になった。

そこから逃れるためにも「早く都会に出たい」という思いが強くなっていった。

さらにそれが「アメリカへの憧れ」にもなっていく。
目立ちがり屋の性格も見逃せない。

中学を卒業し、大三島を出て四国本島の今治市の高校に行く。
高校にアメリカ留学制度があるも、一年から三年まで三回試験を受けるが不合格。
その理由を知ってなお、アメリカ行きを強く望むようになる。

大学受験。しかし滑り止めまで不合格。
親のことを気づかい「浪人はしない」と決める。
担任の先生に頼み込み、探してもらった大学を受験。

福嶋少年7～8歳の頃
左から進くん、父・清充さん、母・ミチコさん、従兄・秀樹くん、従姉・久美子さん、叔母・ヒサミさん

合格して憧れの都会、東京へ。

大学で怠慢な若者たちを見て失望する。

アメリカ行きを決意。アルバイトを始める。学校を休学。その後退学。


約一年間のアルバイトで軍資金を貯め、念願のアメリカに行く。十九歳。

あてもないバックパックをかついでの旅。

「とにかくアメリカに行ってみたい！」それを実現させた。


田舎者という劣等感、高校のアメリカ留学制度に挑戦するも三度の失敗、大学での失望がアメリカ行きに結びついている。

ちなみに大学受験の失敗から言っても福嶋社長は、特に成績がよかったわけではない（ご本人の話では中くらい）。また取材でも何かに特別に優れていたという話もなかった。いわゆる普通の男の子である。

特に優秀で、人から勧められてアメリカに行ったわけではない。

あくまで自分の意志である。

それには、環境の後押しが大きい。

子供時代から、アメリカ行きまで流れをみると、体験の全てがアメリカに行きに結びついている。「アメリカに行ってみたい」から「行く」に変っている。

そして行くためにはどうするか。それしか頭に浮かんでこない。

行くにはお金がいる。親には頼れない。なら自分で稼ぐしかない、ということでアルバイトをした。

自分の思いを実現させるため、やるべきことはやる。それをしっかりと弁《わきま》えてアメリカ行きを実現させた。

多くの学びのあったアメリカ生活

三ヵ月後、人生を大きく変えることになる人物と出会う。

「一週間泊めてやる」の言葉は、嬉しく、有難かった。

高級住宅地にある大邸宅。彼は一人で暮らしていた。

福嶋青年はやることなく、お礼のつもりで庭の整理やプールの掃除をした。

彼は喜び、このまま住んではどうかと勧めてくれた。

そこから予想もしなかった生活が始まる。

彼は英語学校に行くことを勧めてくれた。
さらに大学に行くことも勧めてくれた。
お金が無くなれば帰国するつもりが、大学まで行くようになった。
そして在学中、アルバイト先で芝刈りの仕事、ガーデナーの誘いを受ける。
二つ返事で引き受け一週間だけ働いた。
そして学生でありながら独立。それも彼が勧めてくれた。
日本人らしく丁寧にきれいに仕上げるよう工夫した。
次から次へと新しい紹介を呼び、いつしか大学の友人を雇うまでになった。
一週間に、土日しか働かないのに儲かった。
その後、大学を卒業しヨーロッパに行くため、あっさりと仕事をやめる。
「アメリカに行ったのはビジネスをやるためではない」
福嶋社長にとり、初めての起業であったが、やめることに全く未練はなかった。
アメリカに渡って、約五年が経っていた。

「アメリカで彼と出会っていなかったら、彼の家へ行かなかったら、彼の提案を受けていなかったら…… 今の私はなかったでしょうね。若さゆえのその強さ、行動力。今では羨ましくも思えます（笑）」と福嶋社長は振り返る。

人との出会いが人生を大きく変えると言われるが、この彼と会うためにアメリカに行ったと言いたくなるような出会いである。

英語も満足に理解できない。それでもアメリカに行った。評論家のように「人生どうにでもなるものよ」と軽く言いたくなってしまうが、なによりも「一歩踏み出した福嶋社長の行動力」があったればこその出会いである。

ガーデナーの仕事にしても、一週間で「やれる」と思ったらすぐに独立。即行動、前に向かって突っ走る。

まさにベストバイ鉄板ルール（第八章に掲載）、そのものである。この頃から福嶋社長にはその基盤があったようである。

またガーデナーをやめる時の引き際も見事である。一般的に経営を途中でやめてしまうと、ある意味負けの印象を与える。だから前に進むより、何倍の勇気も必要となる。

当時そこまで福嶋社長は考えていたかどうかはわからない。しかし、その後の失敗談を聞いても、引き際は潔《いさぎよ》い。

これもまた、アメリカ生活で学んで身についたことかもしれない。

アメリカからヨーロッパに行き、ドイツでも大学に行こうと挑戦した。
ドイツ語の力が受験資格に達せず断念、日本に二十六歳で帰国した。

露天商から店舗へ、商売の喜びを知る

一旦、故郷の大三島に帰るも、すぐに大阪に出て就職活動を始める。
地下鉄御堂筋線の終着駅「あびこ」近くにアパートを借りた。
ある意味、ドイツで大学に行けなかったのは挫折であった。
しかし自分には自信がある。そう思って始めた就職活動。
貿易関係の仕事を希望し何社か面接に行ったが、ことごとく不採用。
自己主張が普通の欧米文化、日本ではそれがむしろ逆に作用した。
入社したら危険人物になると思われた。
ここでもいまくいかないことを体験している。
だが、こうした時に、幸いというか次の新しい人生が待っていた。
我孫子観音付近に親しくなった露天商のおっちゃんがいた。

「就職うまいこといかへんねん」
つい自分の切ない気持ちが漏れた。
それが予期せぬ展開に進む。
おっちゃんが露天商の仕方を教えてくれた。
露天商のスタートである。
靴下や日用雑貨を売り歩くこと約二年。
商売は儲かって安定していた。
露天ではなく、店舗を構えての商売がしたくなった。
早速店舗を探し、生野の商店街に七坪の店を借りることができた。
「いよいよ自分の店をもって商売ができる！」
「福嶋屋」として、商売をスタートさせた。
胸が躍った。そして商売をやる中で面白さを知った。

店も七〜八店舗と増やしていった中で、信頼していた社員が突然辞めた。
何も理由を言わずに店を出ていった。
それが悔しく福嶋社長は彼をずっと恨み続けた。

一年以上経ってから、初めて働く者の気持ちを理解できるようになった。この体験がベストバイのスマイルビジネスの基礎になっている。

店はどんどん繁盛し、一時は十四、五店舗まで拡大した。その頃から近隣に低価格店が続々出店してきた。大型店舗やユニクロ、しまむらなどの進出である。昔ながらのやり方を守る商店街の小売店は軒並みつぶれていった。「福嶋屋」も、縮小していかざるを得なかった。

「福嶋屋」のスタートは就職活動の挫折がきっかけである。アメリカ行きもそうであったが、どうも福嶋社長はその時々の挫折が次のステップの踏み台になっている。人生は全て偶然ではなく、必然であると言われたりする。福嶋社長の挫折体験を振り返ってみると、挫折は福嶋社長にとって全て必然のように感じる。もっと言うなら、導かれているように思えるのである。

突然、信頼していた社員が辞めていったのも、間違いなく福嶋社長の生き方にプラスに働いている。そして商売の面白さも「福嶋屋」で感じている。そうした体験は、次なる飛躍に生きている。そう思うと、福嶋社長の体験は必然であり、導かれていると感じるのである。

よく人は、成功体験として語る時「勝ち取った」というような言い方をする。しかし福嶋社長は、そういった力の入ったものではなく、失敗体験も成功体験も自然の成り行きとして素直に受け入れてしまう。だから接すると「自然体」を感じるのではないだろうか。

人生を懸ける何かをやりたい ― ベストバイの誕生

「福嶋屋」を縮小し始めたのは福嶋社長が四十歳を過ぎた頃である。
経営者にとって商売の縮小は切ない。いわば逆境である。
自分のためにガムシャラに働いてきた二十代。
家族や社員のことを考えて働いてきた三十代。
そして四十代、自分がやっている仕事は世の中のためになっているのだろうか……
ふつふつと強い思いが生まれてきた。
世のため、人のためになる仕事を、これからの残りの人生でやりたい……
商売の面白さを知り、がむしゃらに頑張ることを身につけた福嶋社長は、新規事業を夢見て、ありとあらゆる本を読み、セミナーなどにも参加した。
いくつか新しいビジネスに挑戦して、失敗もした。
あきらめずに挑戦する中で、残りの人生を懸けてやりたいビジネスに出合った。
「リサイクル、これは面白い。これなら自分も勝てる」と確信して動き出した。

そして現在のベストバイがある。
平成二十五年度の売上四十三億円（見込み）。
店舗数一〇五（直営店三十九店、FC店六十六店、二〇一三年五月十四日現在）。
従業員三〇四名（社員一〇〇人、クルー二〇四人、二〇一三年五月十四日現在）。

福嶋社長は、それを率いるリーダーになっている。
最初は特に店舗拡大計画はなかった。ただがむしゃらに働いた。
「リサイクルで成功したい！」
儲かると思えば出店。そんな状況だった。
しかし今は違う。しっかりと目標を持ち「世界一」をめざして頑張っている。
なにゆえ福嶋社長は、そのように変わったのか。

筆者の思いつくものをいくつか挙げてみたい。

①リサイクルビジネスをやり始めて、これは成長産業であると確信した。

②リサイクルビジネスを縁にして、学びとする刺激的な人との出会いがあった。

③よきライバルが存在している。

④社員教育を含め、よいと思ったことはどんどん取り入れ自分流でやった。

⑤３ＫＭを導入した。

⑥経営者としての自覚を、明確に持つようになった。

もちろん日々の勉強は怠らない。その根底には一所懸命に働くことを厭《いと》わない生き方がある。そして筆者としては、お父さんの教え——何を意味するかわからなかったお父さんの口癖——が生きていると言いたい。

目標を掲げ、経営計画書を作り、毎日「今朝のひと言」を書き、毎週社員から提出されるウイークリーを読みコメントし、知命塾で自らが講師になって社員教育を実施し、店を回り、他社を見学し、社員面談も行っている。

言うならば、福嶋社長は、ベストバイを創業してから大きく変わった。いや、出会う人達や出来事から積極的に学び、吸収し、それを実践しながら成長し続けているのである。

それを可能にしているのは、「良いと思ったら、即行動に移す」という実践があるからである。能力があるとか、才能があるとか、頭が良いとかは一切関係ない。実践することで自らを成長させている。

なぜなら実践は、実践した人こそが一番の勉強になるからである。

実践そして経営者としての自覚、その二つが相まって福嶋社長を成長させている。

実践している人は、明るい。積極的。人をひきつける。

その福嶋社長の実践のいくつかを紹介したい。

真似の三段活用

福嶋社長と話をしているとユニークな言葉が出てくる。真似の三段活用だ。真似はよくないと言われたりするが、人はほとんどが人真似で生きている。真似をもっとわかり易く表現すれば、実践すること、行動することである。

実は、この実践すること、行動することは、案外と難しい。多くの人がそれを感じているはずである。その点、福嶋社長は行動が早い。やると決めたら即行動する。

真似とは行動することであり、毛嫌いするものではない。大いに歓迎すべきことである。

まず、徹底して真似てみる。そして少し変えて真似をする。さらに大きく変えて真似をする。そうなれば、それはもう自分のものとなると福嶋社長は説明する。

何かの講演でＴＴＰ（ティティピー）を聞き、その後また別のところで聞き、自分でも話をするようになったという。その真似の三段活用とは、

ＴＴＰ（徹底的にパクル）
ＴＫＰ（ちょっと変えてパクル）
ＯＫＰ（大きく変えてパクル）

横文字が入るとまた印象が違うが、ポイントは実践することにある。「実践の勧め」福嶋バージョンと言ってよい。

毎日書き続けている「今朝のひと言」

福嶋社長は、毎朝『★ 社長・福嶋の、今朝のひと言!! ★』を書いて全社員にメールで送信している。二〇一四（平成二十六）年一月八日で、VOL. ２８６５になる。ざっと計算すると七年十ヵ月続いていることになる。文字数約四五〇文字、ほぼ毎日同じ字数でまとめあげる。

そのきっかけを与えてくれたのが、北海道の帯広に本社を置く株式会社オカモトの社長執

行役、中西創《はじめ》氏である。

中西社長と福嶋社長の接点は、船井総研の福本先生である。同業で参考になる店があるということで福嶋社長に株式会社オカモトを紹介してくれた。

リサイクル事業は、その当時はまだ消費者から物を買って売るのではなく、業者から買って売る店が多かった。そんな中オカモトは、自給自足型をやっていた。

ベストバイが開店して間もなく、中西社長は第一号店・茨木店に視察に見えた。そこから親交が深まるが、福嶋社長は中西社長をベンチマーク（優れたところを学び、それを基準にして自らの業務や経営を改善する手法）の対象としている。

いい仲間であり、いいライバルであり、いい友人でもある。リサイクルビジネスを展開していく中で、いろんな知恵をいただき、勇気を得ているという。

その中西社長が、社員向けに毎日メールを発信していることを知り、「自分も社員に自分の思いを伝えるために書いてみよう」と始めたのが「今朝のひと言」である。

最初は毎日ではなかった。できるだけ毎日、月十五回は書こうと思ってやり始めたが、十五回が十三回になり、そして十一回と減っていく。これは中途半端にやるのではなく、毎日書くと決めてやったほうが続くだろうと思った。やってみると、その方が楽だという。毎日だと、「今日は書かなければ」と思う必要がないので、しんどさがなくなったという。人は必ずと言っていいほど「大変ですね」と労《ねぎら》ってくれる。確かに大変と言えば大変かもしれない。しかし今は、体がやることを覚えているので、朝、顔を洗って歯磨きをするのと一緒で、書くことが自然に出てくるという。

文章を書くことは苦手だったという福嶋社長、毎日書くことでその意識もなくなったという。

そうそう、ベストバイの挨拶「お元気様です」も、中西社長の会社が使っていること知って、真似をして使い始めた。

なぜ続いているか——の裏話

福嶋社長は「今朝のひと言」を毎日書こうと決めた時、奥さんに「社員向けに毎日やろうと思うんや」と話をした。奥さんは「また風呂屋の看板やろ」と言葉を返した。

「風呂屋の看板」とは、看板にお湯のマークがある。すなわちお湯だけ。湯だけ。言うだけということになる。

福嶋社長は、結婚した若い頃から奥さんに、ずっと「風呂屋の看板」と言われてきた。今度こういうものを買ってやるとか、次の休みの日には家族をここに連れていくからと約束する。本人とすれば、本当にそう思って言っている。ウソを言っているわけではない。

しかし個人事業をしていると、約束していても仕事で行けないことがある。というより常にその繰り返しだった。結果、「約束を守らない人」となってしまう。

それをまた奥さんから言われたことになる。

「風呂屋の看板」の汚名を晴らすぞ！

奥さんに言われて、毎日書き始めた。

福嶋社長曰く。「家内の言葉が、続いている一番の要因かもしれませんね」

3KM（スリー・ケイエム）の紹介を受けて

中西社長をベンチマークの対象としている福嶋社長は、いろんな情報を手にしている。その一つに3KMがある。

3KMとは、個人、家庭、会社の三つのKと、目標（マーク）、管理（マネージメント）、意欲（モチベーション）の三つのMを組み合わせて、目標を具体的に実現するための「夢実現ツール」である。目標を文章化するだけではなく、ビジュアライズ——目標とする姿を目で目えるように絵にするなど図案化する。そしてそれが一冊の手帳でできるように工夫されている。

土屋公三著『創る　使う　変わる　3KM手帳革命！』（出版文化社）を読むと中西社長の

体験談が載っている。

……二十六歳でオカモトに入社して3ＫＭに出合う。そこで十年後の目標として、いつもそのトップに「社長になる」と書き続けた。書いてから七年後、社長になっている。創業者の一族ではなく入社した当時は部長でも考えられなかったという。

「書いたことが実現することに驚いています」と中西社長は語っている。

ベストバイを創業して二年目の頃、中西社長（この時はまだ社長ではない）は福嶋社長に3ＫＭを勧めた。

「3ＫＭって知っていますか」

「聞いたことはないですね」

「これすごくいい勉強になるし、いいものだからやってみたらどう」

3ＫＭ？　と怪しげさを感じて「あまり興味はない」と断った。

しばらくして中西社長は、3ＫＭの全国大会が四国の松山にあるので参加しないかと福嶋社長を誘った。

「その日は忙しいから無理ですわ」といったん断った。

「東京のトレジャーファクトリーの野坂社長も来られますよ」

リサイクルビジネスの大先輩、近々上場するという話を聞いていた福嶋社長。

「野坂社長が来られるんだったら、会って話がしたい」

そう思って３ＫＭの全国大会に参加した。実のところ３ＫＭには興味はなかった。

それがきっかけで３ＫＭとは何たるかを、初めて聞いた。

夢を持って夢を追求することで一人一人が伸びる。福嶋社長自身の夢を追求するというのもあったが、社員一人一人が個人、家庭、会社の順番で夢を追求することによって、社員個人が成長し、それが家庭の成長につながり、ひいてはビジネスの成長につながる。

福嶋社長は「これっていい、これだったらすぐやろう」と思ってやることを決めた。

その後、現在株式会社ブレイド・イン・ブラストの社長である中川理巳先生に指導をお願いした（中川先生は、この章の後半に登場します）。

会社に帰って十数人の社員全員に、「３ＫＭをやるぞ」と言った。しかし社員の反応は「社長、どこかでまたけったいなもの持ってきおったな」という感じであった。いろいろ説明しても誰も乗ってこない。

「最初は僕一人でやったんですよ」

個人、家庭、会社の目標をそれぞれ十個書く。一所懸命計画を作って、いろいろやり始めた。すると書いたいくつかが、成果としてあがってくる。次の年、成果を発表した。「全部できなくてもいい、十個書いてそのうちの一個、二個できただけでもすごいじゃないか」と、みんなに手帳を渡した。それでやったのは二、三人だったという。次の年その二、三人が成功体験を発表、それによって嫌々の社員も含めると「ほぼみんながやり始めた。そうやって3KMは、ベストバイに浸透していった。

「この3KMを導入したことが、たぶん今の会社につながっていると思うんですよね。社員に満足してもらいたい、幸せになってもらいたいというのを僕の思いだけではなかなか形にできなかったと思うんです。

それがこの3KMとの出合いで、これをやることで僕もこう変わったし、みんなも変われると思うことが共有できたんですね。これがすごくいいのは会社が一番じゃなくて、個人が一番という点ですよね」

3KMはベストバイに大きな成果をもたらしている。福嶋社長にとってそれは大きな収穫であった。それ以上に強く感じているのは、おそらく3KMを通して知り合った人脈だろう。

それで福嶋社長は限りない恩恵を受けている。

その大本《おおもと》を探っていくと、福本先生に行き当たる。さらに探ると一枚のファックスということになる。

武心教育経営塾・近藤建塾長との出会い

中西社長に導びかれて３ＫＭの勉強を始めた二年目くらいの時に、東京で３ＫＭのセミナーがあって参加した。その時のゲストスピーカーが武心教育経営塾の近藤建塾長だった。

「今から七年少し前くらいですかね。その時のことをよく覚えているんですよ」

福嶋社長の隣に座っていた人が、手を組み足を組んであまり態度がよくなかった。

すると一発目に、「君、名前何て言うんだ」「〇〇です」「君、人の話を聞く時にはそういう態度じゃないだろう」注意した。

「こっちはお客さんなんですが……」と言いたくなるが、間違っていることに対してばしっと言う。「すごい人だ」と思った。

しばらくすると、肘をついて聞いていた人に、

「また怒ったんですね。肘をついて聞くとはどういうことだと」

この人はすごいなと思いながら、「近藤建という人の本気を、感じたんですよ」。

偉そうにしている感じを、全く受けなかったという。

本気になって何かを伝えようとしている。

そう感じて、「この人に教えてもらいたいと思ったんです。一発目で僕は近藤建に惚れこんだんです」

福嶋屋の体験から、俺が俺がの思いからほとんど抜けてはいたが、まだ自分が幸せだったらという思いのほうが強かった。それではダメと気がついていても、根底にはまだ自分が最初にある。まだまだピュアではない。ピュアにならなければ。そんな葛藤の中にいる自分を感じていた時に、近藤塾長に出会った。「ものすごく純粋なところが見えたんですよね。あんな男になりたいというふうに思ったんですよ」

それから新潟で塾をやっているということで、通い始めた。


しばらくして福嶋社長は、ベストバイでも独自で社員教育をやることを決めた。塾の命名を近藤塾長にお願いし「知命塾」とした。

最初は近藤塾長に講師を依頼していたが、今は全て福嶋社長が務めている。

「世界一」と書いてある経営計画書も、最初は近藤塾長の一枚の経営計画書を真似て作った。それを福嶋流に変えて手帳に入れ、毎日すぐに見ることができるようにしてある。

「これも真似てよかったです」

そしてウイークリー（週報）も近藤塾長を真似て実践している（その内容の一部を、第七章で紹介しています）。

知命塾

月二回、毎月実施している。対象は全社員、店長だけを対象にした研修もある（平成二十五年七月に行った講義内容を第七章で紹介しています）。

社員以外のパートクルーさんなどには、別途実施している。

塾での研修は前日に集合し、酒を飲みかわす。相当に飲むらしい。研修所に準備していた酒が無くなると福嶋社長は追加を自宅から持ってくる。社員はそれに特に驚く様子もみせず飲み続ける。

福嶋社長にとって知命塾は、自分の思想信条、決意、今後の目標などを伝えるための場であるが、もう一つの狙いがある。社員の本音を聞くことだ。アルコールは、それを上手に後押ししてくれる。

講義内容は、仕事のやり方、いわゆるノウハウ的なものはない。論語や武士道、人生哲学、人間どう生きるか、どういう姿勢で仕事に取り組むか、よい人間関係を結ぶにはどうすればいいのかが中心である。

近藤塾長が主宰する武心教育経営塾で学んだことが大いに役立っているという。

社員教育は難しい。多くの経営者は、それがわかるので社員教育を他人に任せてしまう。経営者が相当の覚悟を持ってやらないと、成果は上がらない。しかしやれば必ず成果は上がる。それには、同じことを何度でも言わなければならない。

「何回も教えてもらって、ようやく自分のものになり、話すことができるようになりま

知命塾での話をする福嶋社長

す」

学んだことは、すぐに福嶋社長は実践する。

繰り返しのことで言えば、その厳しさもまた近藤塾長から教わっている。

例えば、一〇〇回言ってもできない社員を、お前は一〇一回目を言っているか。三六五回言ってもダメだったら辞めさせろと言われたことがあるという。

「たしかに、三六五回は言っていないよな」となる。

数回言った程度では、本気で社員と向き合っていることにはならない。いわんや、教育においてはその何倍ものエネルギーが必要である。

また「自分の社員を家族のように愛しているか」と聞かれる。

「自分の社員を家族のように愛しているかと言われて、確かにお世話になっているので感謝はしている。しかし家族のように、もしくはそれ以上に愛しているかと言われると、はいと言えない」

そういうやり取りの中で福嶋社長は成長していく。

家族のように、もしくはそれ以上に社員を愛しているかという言葉に対して、「それに近くなっています」と答えられるようになった。

自分の社員に対して、家族のように愛する気持ちが強くなっている。

「近藤塾長が教えようとすることは、非常に大きなものがある」と福嶋社長は言う。三年前には「まだまだだ」「これからだ」、何があっても「まだまだだ」。何があっても「これからだ」と教えてもらっている。

「近藤塾長からは、僕の精神的なもの、心の支えとなるもの、自分の魂を磨くことに関して多くを学ばさせていただいています。社員に話をしている人間力の講義の多くは、近藤塾長から学んだことです。

いまでも近藤塾長を慕って数ヵ月に一回は塾長主宰の武心教育経営塾に参加させてもらっています。ここで学ぶことは、ベストバイが存在する大きな礎になっています」

その精神が知命塾に引き継がれている。

福嶋社長ってどんな人 ― 中川理巳

3KM（スリーケイエム）を指導する株式会社ブレイド・イン・ブラストの代表取締役、中川理巳《まさみ》氏に話を聞けば、また新しい福嶋社長を発見できるのではないかと考え、平成二十五年九月十日、取材をした。

苦労と言わない、見せない、感じさせない

北海道で急成長しているオカモトグループが３ＫＭを導入しているということで福嶋社長と縁がありました。

紹介されてうちの営業担当（現在当社のマネージャー）が、会社に電話をしたんです。

「福嶋社長はいらっしゃいますか」

「社長、用件は何。やあ、いま忙しいんだよなあ」

「なんと豪快な電話応対をする会社だね」と、うちのスタッフで笑っていました。今でもこれは話のタネになっています。

私が大阪で講演をした時に社員を連れてこられました。

会ってみたら年齢が同じ、私が昭和三十二年四月で福嶋社長より二ヵ月弱早いだけです。

そんなことで意気投合して付き合いが始まりました。

それからずっとお付き合いをしていますが、あんなにいつもニュートラルというか、へんに力が入っていない。それでいて熱意がないわけではない。凄く不思議な人です。

一喜一憂しないというか、一喜はするけど憂うることがない。厳しいとか、辛いとか、難しいとかは言わない。人が見たら困難なこと嫌なことでも、困難とか嫌だとかは言わない。

アパレルで高級品の店を出したら、その日に違うなと思って瞬く間に店を閉めてしまった

話を、「失敗だったな」と笑いながらおっしゃいます。自分は苦労したなどと言わない、見せない、感じさせない。

とにかく元気な人です。夜飲んでいて歌ったり踊ったりしている。夜中二時三時までやっている。四時か五時に起きてジョギングをしたとか、近隣の店を車で回ってきたとか、とにかく元気です。そのエネルギーはどこから来るんだろうと思います。

ゴルフよりマラソン、手を抜かない

３ＫＭを導入している経営者の間では、ゴルフよりマラソンなんです。中西さんもフルマラソンを走っている。その影響かどうかわかりませんが、福嶋社長もマラソンをする。フルマラソンと一〇〇キロウォークを二週間のインターバルで両方とも完走したとか、大阪でフルマラソンを完走した一週間後に東京で完走したという有名な話があります。このエネルギーはどこから来るんだろうと思います。

私も走れと言われてホノルルマラソンを走りましたが、福嶋社長の記録は破れませんでした。同じ歳なので福嶋社長の記録をめざしましたが。

業界では先を行く株式会社トレジャーファクトリー（本社・東京都足立区）も３ＫＭを導入しています。その野坂社長は本当のアスリートで学生時代から走っているようで、フルマラソンを三時間台で走るそうです。

野坂社長がライバルでおられるからかもしれませんけど、福嶋社長はとにかく凄いエネルギーの持ち主です。


うちの主催で経営幹部育成講座がありますが、福嶋社長のところも幹部候補を出しています。経営者はオブザーバーで出席できますが、スピーチをするのが条件になっています。

自社の社員もいるけど他社の社員もいます。

そこでスピーチする福嶋社長は全力です。

きっと社員研修でも同じと思うのですが、手を抜かない。

話をするには、受講者の心を揺さぶる力と、きちんと理解させるまとめる力の二つが必要ですが、福嶋社長はその両方を持っており、しかもバランスがいい。非常にわかり易いし、マーカーを使って視覚にも訴えて話をする。


ベストバイの成長期と3KMを導入した時期が重なっているので、全てが3KMの成果とは言えませんが3KMは会社でも役立っていると思います。

個人、家庭、会社とありますが、会社の部分が経営計画書にあたります。

３ＫＭを見て、「これいいね」と言って理解できる経営者は、こういう形でなくても大体ご自分でやっています。同じような発想とかを持っている人です。

３ＫＭは社長だけでなく、社員全員ができる仕組みを作ってあります。

並の経営者ではできないことをやっている

最初ベストバイの社員の身なりは良くなかったですね。よその会社の人がくる場所に、その恰好でいいのかなと思う服装だったりしていました。挨拶にしても名刺交換にしても、社会人としてこれでいいのかなあと思うようなレベルだったと思います。

いまやもの凄く洗練された基本動作ができるようになっています。

目標を持たせて行動するという時期と、ぴったし合っていたと思います。

３ＫＭというのは道具ですから、使い方が一番大切です。それを教えるのが私達の仕事です。はっきり言って道具を使いこなせるかどうかは経営者の力量です。

本気でやるかどうかですね。

福嶋社長は、咀嚼力がある。単なる真似だけではない。ベストバイ流の３ＫＭを作り上げています。

３ＫＭの幹部育成講座に若手を出してきます。経歴の変った人がきます。その社員が立派に成長していく。人を育てる。並の経営者ではできないことをやっていますね。

ご自分が主宰されている知命塾での社員教育も、社員とのつながりを強くしているようです。夜中酒を飲んで本音で話し合う。それで朝、走って運動するんですから凄いです。

一言でいうと福嶋社長は不思議な人です。付き合い始めて十年近くなりますが、福嶋社長は全然変わらない。

経営者だからみんながやるとは限りません。やり続ける人もおれば、できない人もいる。それはやはり、その人の生き方になってくる。誰がリーダーかによって会社も社員の質も決まってきます。

ちょうど福嶋社長には、３ＫＭが合っていたと思います。

３ＫＭはベンチャー企業に合っており、取り入れることでその業界のレベルアップにつながって、社会に認知される企業体になっています。

それは企業理念がしっかりしていくことで、社員がバラバラにならない。昔はそれを「金太郎飴」と言っていましたが、私は「おでん型」がいいと言っています。一本の串だけは通っている。しかしみんな個性を持って一つになっている。串が企業理念、社長の考え方であったりするわけです。

リサイクル事業そのものも成長期、ベンチャー企業として伸びていく時代背景、そこにどうしても必要になってくるのが人間づくり、その基本を整備していくということで３ＫＭも大いに役立っていると思います。

中川理巳氏

福嶋社長ってどんな人 ― 中西 創

福嶋社長に３ＫＭを紹介し、福嶋社長がベンチマークとする株式会社オカモトの社長執行役員、中西創氏から原稿を頂いた。お二人の強い繋がりが窺われる。

スピード経営を自ら実践している福嶋社長

リサイクルショップの業界も、その取扱商品には時流があり、「今何がいけてるのか？」は、福嶋社長と会うたびに、必ず話題にする。

ほとんど毎回、新たなチャレンジをしているのは、ベストバイの方であり、うちはその成功事例を聞いて、追随していく形が多い。

情報を聞いて、社に戻って部下のマネージャーや店長に、「ベストバイではこれがいけてるらしい」と話をする。

当社でも新たな実験でチャレンジし、特に「キングラム」の事業では大変お世話になり、FC加盟企業として今も教えをいただいている。

しかし、中にはどうも当社ではうまく取り組めないような新規商材等もあるのが実状。そんな商材について、福嶋社長とは年に数回直接会って話をするが、「この前聞いた、アレ、その後どうですか？」とたずねると、けっこうな確率で、

「ああ、あれね、あれはうちもうまくいきませんでしたわ。もうずいぶん前にやめてしまってます」

と、ガクっとくるような話も多々ある。

いかに福嶋社長がスピードあるか、という話であり、情報収集のスピード、着手のスピード、そして、あきらめのスピードも信じられないほど速い。

見切り発車、いや、見切る前に発車しているといってもいいようなスピード経営であり、それには頭が下がる思いだ。

変化の激しい今の時代、スピード経営とはこういうことを言う、というのをトップ自ら実践しているのが、ベストバイであり、福嶋社長であるといえる。

最初の出会いで度肝を抜かれたが今はよき同志

最初に福嶋社長に会ったのが、リサイクルショップ一号店である茨木店がオープンして間もない頃。普通の店員と同じ格好で、クビにタオルを下げて、汗をぬいぐいながら名刺を出してくれたことを覚えている。

店内は商品がぎっちり詰まっており、売れに売れている印象。お客様が商品をさわりまくるから陳列は雑然となり、忙しくてメンテナンスも手が回ってないような状況。

ちょっとお話しして、福嶋社長の口から出たのが、

「もう二号店の物件契約をするんですよ」という驚きの一言。

新規事業の一号店がオープンしたばかりで、まだ地も固まってない中、二号店を検討するのも驚きなのに、もう物件の契約に動いている。

私の場合も一号店が大ヒットしたが、二号店の開業は、その十ヵ月後で、それでも早いと言われていたが、その貪欲さや、行けると判断した時の鋭さ等、最初から度肝を抜かれるような思いだった。

年に数回お会いする中、自社の人間には相談できないようなけっこう重要なことを、私は福嶋社長に相談しアドバイスももらっている。

福嶋社長も時々同じように私を使っているのではないかと思う。

真っ向直球勝負の応対が相手の心を動かす

ベストバイ快進撃が始まった頃、たぶん主力の店長が数名退社する事件があった頃のことであったと思うが、経営者として難しい選択を福嶋社長が迫られていた時期があった。

そのとき、こう話されていたのを覚えている。

「中西さん、もう全部腹割ってうちの社員に話そうと思うんです。それでダメだったらもうしょうがない……この会社を存続できるかどうかのことだと思うけど、全部正直に話すしかないと思ってます」

普通の経営者なら、そこまでやらずに、なんとかしのぐ、とかいくらでもできた事案だったと思われるが、福嶋社長は社員との腹を割った裸の話に臨んだはずだ。

それが今の礎を築いているのは間違いない。

時々、そんなことまでバカ正直に全部オープンにしなくても……

そんなに手の内見せたら自分が不利になるんじゃないか……

と、心配するくらいの言動を見せるのが福嶋社長。

ＦＣ本部のキングラムの加盟店オーナー会でも、そこまで本部が情報開示したらやりにくくなるのでは？　と思うくらい、真っ向から直球勝負の応対をしてくる。

でも、結果、それが相手の心を動かす大きなエネルギーになっているのは間違いないと思われ、この人とは本音で真っ向から話をしよう、となるのではないかと思われる。

中西　創氏

リサイクルビジネス、価値観の共有

「仕事というのはなぜ一所懸命できるかというと、やっぱり誰かの喜ぶ笑顔みたいなものをどこかで感じられるから頑張れるんですね。

何年か前、若い社員を募集するということで、そのチラシ作りを入社して二年目の若手の社員が担当したんです。彼は、真冬の寒い中、手がかじかんでいるのに冷蔵庫を洗っているというのをテーマに原稿を作ったんですね。どっちかと言ったら過酷なシーンなんです。

彼の言葉が素晴らしかったんです。この仕事って決して楽な仕事じゃない。でも自分は朝から晩まで手が冷たくてかじかんでいるけれども、一日中冷蔵庫を洗っていて嫌にならないんだ。その理由は何かといったら、これをきれいに洗うことによってこの冷蔵庫は生きてくると。

その先にいる、これを買いたいという人が、きれいにしていればしているほど喜んでくれる。だから一所懸命きれいにする。お客様の『ありがとう』のひと言、笑顔が何よりの喜びで、そこにこの仕事の価値を感じているんだ、というようなことを原稿にしたんですよ。それは彼のアイディアなんですね。

実際に彼は、そんなふうに思ってやっているということなんです。

僕もそういう思いをみんなに伝えたいと思っていたので、本当にいいことを言ってくれると思ったんですね。

それはたぶん我々がベースに持っている会社の価値観を、形に表してくれた言葉だと思います。あれはすごくいい原稿でしたね」

「素活パワー」

取材を通して得た情報で福嶋社長にふさわしい言葉はないものだろうかと考えてみた。

そこで思い浮かんだのが「素活パワー」である。福嶋社長は「素活パワー」を遺憾なく発揮する達人と言える。

「素活パワー」とは「ある素材を活かして、それに関係する物事や人達を更に活性化させるパワー」という意味である。

「素活パワー」の「素」は「素材」の素と「素直」の素からとっている。「素材」とは仕組みやルール、道具などを指すが、人も重要な素材として含んでいる。なぜなら何事においても、最終的には人が勝負になるからである。人を抜きにしては語れない。それを十分に理解し、福嶋社長は社員教育を通して人材育成を行っている。

「素直」とはこの場合、何かを受け入れる場合の土壌、心の在り方を言う。何か活かすためには、まずそれを受け入れなければならない。そのためには、物事や人を受け入れる素直な心、素直に学ぶという姿勢が、どうしても必要である。

ただ単に受け入れるだけでは何にもならない。受け入れたものを活かす。すなわち「やってみる」、「行動する」ことが何より重要になってくる。行動に移してこそ成果があがり、次なるステップが見えてくる。

「素活パワー」は、単に素材を活かすという意味ではなく、福嶋社長の実践力、行動力を象徴する言葉でもある。

福嶋社長にふさわしい言葉かどうか。読者の皆さんには、ぜひとも福嶋社長にふさわしい言葉を見つけていただきたい。

そうすることで、福嶋社長の生き方を、より理解していただけると思います。

行動、実践、継続の人、ベストバイ福嶋進社長

第七章　福嶋進の「継続は力なり」

ウイークリー情宝の一コマを紹介

ウイークリー（週報）は、近藤塾長がやってきたことを知り、自分もやってみようと思ってやり始めた。福嶋社長はやりながら自分流に変えている。

社員から「これは宝だ」という声があるくらい、福嶋社長もその効果を喜んでいる。

でも最初は、毎週三五〇字程度の文章を書かなければと文句もあったらしい。

社員から提出されたウイークリーに、福嶋社長は赤ペンで線を引いてコメントを書いて返却する。毎週やっているので、もう癖になっていると言う。

一〇〇数十人のウイークリーは読むだけなら二時間ちょっとでできる。またうまい文章は一回読めば何がいいたいかはすぐにわかる。コメントを書いても数分で終わる。

中には文章がうまくない社員もいる。そうすると一回の読みではわからない。二回読んでも伝わってこない。でも社員は本気で書いているので、言いたいことのポイントがわかるまで福嶋社長は読む。だから一枚のウイークリーを読んでコメントを書くと、十五分も二十分もかかるときがある。そういう社員ほど、しっかりコメントをしなくてはならないそうだ。

やり始めてからは、仕事上で大いに役立っているとともに、プラスの効果として社員との距離感が縮まっているという。社長からの赤字のコメントは、社員と心を結ぶ絆にもなっている。

毎週書くことで、結構本音が入っている。一回や二回はごまかしで書けても、毎週なので

正直に書くしかなくなってくるのだ。

「ウソでも毎週書いていたら、それが本物になりますよ」

書くということは、自分を見つめることでもある。年間五十回、三年だったら一五〇回書

きながら自分を見つめることになる。

「こうだと書き続けたら、そういう自分になりますよ」

すでに二七〇回を超えて実施している自信が、福嶋社長の言葉に勢いをつける。

全社員のウイークリーの中から、宝としての情報をダイジェストとして全店に配布する。

ちなみに263号では、それが十四枚にもなっている。

本書では参考にと思い、社員の生の声と、それに対する福嶋社長のコメントを、263号

の中から幾つか抜粋して紹介します。

25年6月17日　263号　抜粋

ダイジェストに書いた福嶋社長のコメント

お元気様です。

やっぱりフリーはおもしろい!!

今回は特に傑作が多かったので、ダイジェストが少し多くなりました。ピックアップできなかった文章の中にも、ここに載せたいものが沢山あったのですよ。

ここに加えられなかった人の中でも、特に素晴らしい人の文章は、僕のフィードバックコメントを読んでもらえば、わかってもらえると思います。

まず活字を読む。このウイークリーから癖になっていけばいいと思いますよ。

さて次週は『致知』のテーマ感想文です。五つ文章を推薦文として先日お伝えしてあると思います。ちゃんと全文、しっかり読んで下さいネ。

福嶋進

社員

「仕事の完成度」と「業績」はかなりリンクしていると感じます。現場の皆さんに面倒くさくて細かい仕事をお願いすることが多いのですが、業績を伸ばしている人ほどそういった細かい仕事をキッチリこなしてくれます。体裁だけ取り繕った結果は長くは続きません。

社長コメント

よ〜く理解できます。またその通りでしょう。小さな仕事をキッチリする人には、大きな仕事を任せられる。逆も真なり。

社員

人間と他の動物との違いの一つには「将来のことを考える」ことが挙げられると思います。人に指示されて順応する「成長」も時として大事になると思うのですが、自律して動くことのできる人間らしい「成長」が、今の私には不足していると感じているので、そこを今後伸ばしていきます。

社長コメント

まとまった素晴らしい文章です。読ませるエッセイ……ですね。

社員

知命塾はとても自分にとって考えさせられる内容でした。これからもっと頑張ろう！　と思いました。全体のキーワードは「今」でした。ちょうど壁にぶちあたる時期と聞き、大事なことを教えて頂きました。まず「学ぶ姿勢」。学ぶ姿勢によって吸収が違ってくるということ。あと、一人一人がしっかりしないと会社の失敗として見られるということを実感しました。今、本気でやらなければいけないということが、すごくわかりました。

社長コメント

ありがとう！　僕が伝えたかったこと、しっかり受けとめてくれてますね。

社員

Nさんは「とにかく優しい、いつもさわやか」です。Hクルーは「豊富なブランド知識とその美貌です」。YOクルーは「物知りなので特に年配の方に好かれる」です。Yクルーは「お客様と話を合わせるのが上手」です。Iクルーは誰からも好かれる「アイドル性」です。Mクルーは裏表のない「素直な接客」です。Sクルーは「皆が嫌がる仕事を黙々とする」ところです。

こういった個性を持ちつつ、店としては「また来たいと思って頂ける店づくり」をテーマにしています。「お客様にとって誰よりも親切なスタッフでいて下さい」、これしか話をしていません。

社長コメント

自店のクルーをこう表現できること素晴らしいね。親切がキーワードなのですね。

社員

いくつかの店を体験させて頂きながら、今年に入ってから「顔つきが変わった」とよく言われます。ここまで自分の炎を燃やしてくれたのがOさんです。かなりの問題児で今まで迷惑をかけてきました。そのご恩に対して仕事で返していくしかない！　と考えています。日々の業務にもっと、もっと情熱を燃やしていきます。

社長コメント

いい出会い、いい仲間、いい仕事……全てが好回転、確かに君の最近の顔は、イキイキしているよね。

社員
個人的なことですが、毎日、同じことの繰り返しで無駄に時間を浪費してきた気がします。今少し感情や想像力を働かせ楽しく生きなければ損だと、これを書きながら感じました。
社長コメント
気づいた時が一歩進むチャンス。時間を無駄に過ごしては人生がもったいない。楽しまないと損だよ。

社員
同期のウイークリーを読むと、いつもやる気がアップします。
「行程表」は毎月行う業務を図や表で見える化することで、いつまで何の作業ができるのか、また何をどこまでやらなければいけないのかが見えてきました。
十周年のイベントで石田純一氏が「人生は下りのエスカレーター」と言われていました。最初は意味がわからなかったのですが説明を聞いて納得しました。進んでも進んでもなかなか先へ進まない、まるで下りのエスカレーターを逆走しているかのような道。だからトップスピードで駆け上がらないといけない。普通に歩いているだけでは、その場に踏みとどまっているようなものだし、ましてや歩みを止めれば、気づけば一番下まで戻ってしまっていたなんてこともある。人生も仕事も同じだと思います。何もしない現状維持は後退、衰退を意味すると思うのです。自分を奮い立たせる言葉になりました。

社長コメント

行程表での制度が仕事のレベルを変える……と思っています。

石田氏の言葉、たぶん多くの人がそう感じたのでは……

社員

十ヵ月後に自分の後輩ができると思うと嬉しい反面、不安も出てきました。自分は後輩達に教えるほど仕事ができているのかと考えると到底無理だと感じるからです。入社したての頃、色々な人に「新入社員は社員にやる気を起こしてくれる存在」と言われていたのですが、やっと理由がわかりました。後輩達に尊敬されるよう、日々精進していきます。

社長コメント

「今やらなくて、いつやる」。本気の君達は必ず伸びるよ。楽しみでしょうがない。

社員

一九九二年の開業以来十八年連続赤字だった長崎のハウステンボスを一年で黒字化したH・

I・Sの創業者澤田秀雄会長の話です。全社員を集めて三つのお願いをされた。一つ目が「キレイに掃除をする」、毎朝十分でいいから掃除をする。二つ目は「あいさつをする」、うまくいっている企業は元気がいい。三つ目は「動きを二割早くする」、目標とする売り上げを二割上げ、二割経費を削減する。一時間かかっていた仕事を五十分、四十五分と縮める。やらなければならないことを完璧にやろうとすることは大切ですが、それは決められた時間内でどこまでできるかということなので、今後ここを意識して仕事に取り組みます。

社長コメント

これは我々の仕事に、そのまま通じますね。

社員

「リサイクル脳」になりすぎている自分を発見しました。もちろん悪い意味ではありません。たまたま掃除機が壊れ、量販店に行きました。接客対応、それに家電の販売価格の高さを改めて知ることができました。頭はリサイクル商品の価格が先行し、いくらで売れる、またいくらくらいで買い取るなどでいっぱいでした。スタッフさんの接客は上手でした。物は価格が高いか安いかではなく、人で売っていること、これをもう一度考え直す必要があると改めて感じました。

社長コメント

この気づきは、大切ですね。

社員

いま仕事の助けになっている本があります『99%の人がしていないたった1%の仕事のコツ』です。ほんの少しだけやり方や物事の考え方を変える。それだけで今までの負担が楽になることがあります。私がこの本を読んで実践していることがあります。「任せきる勇気を持つ」です。問題がなければ、基本的に見守るということです。組織が停滞する原因は幾つもありますが、リーダーがチームを細かく管理しすぎるとメンバーの成長の機会が奪われる状況が生まれます。私が新人だった頃はずいぶんと見守ってもらったことを思い出します。今は自分がそうあるべきだと思っています。

社長コメント

「……たった1%の……」全てはこの「たった1%」の変化から始まるのですね。

「何のために?」ウイークリーを

毎週、自分の考えや感じたことを文章にするのは、社員にとってなかなか大変なこと。しかし書くことによって自分が何を考え、何を感じたかがより鮮明になって、それが自分の血肉となる。

ところがこれは、言うに易《やす》しであり、行うに難《がた》しである。

何らかの縛りがなければ、人は怠けるのが普通である。だから強制力が必要である。仕事は逃げるわけにはいかない。だから「やる」。やるから身に付く。素晴らしいこと。

とは言え、なかなかそうは思えない。

社員から福嶋社長に質問があった。

それを受けて福嶋社長は2013年6月25日(火)の「今朝のひと言」(2668回)で考えを書いた。

お元気様です!

「何のために?」と疑問もつことは大切です。

昨日、僕に質問を投げかけてきた若手の社員は立派です。理解できないこと、納得できないことを、そのままにしておくより質問してみる。

この一歩が、人を成長させるのだと思います。

どんなことでも、誰に対してでも、疑問に思ったことは、素直な心で質問してみましょう。

昨日の一人の若手社員のように。

彼の気持ちが「書かされている」から、自分が率先して「書いている」に変わることを願っています。

福嶋　進

お元気様です！　『ウイークリーを活かす』
みんなは毎週ウイークリーを書いています。昨日、一人の社員から「何のためにウイークリーを書かされているのですか？」という質問がありました。6年前、始めた頃にはよくあった質問です。当時、どう答えていたか覚えていませんが、昨日は次のように答えました。「社員の仕事の5力を養うのが一番の目的。プラス、社長と社員、社員同士の考えを共有するのが二番目の目的」と。「5力」とは、社員として必要な仕事の力です。一つは「書く力」文章力です。二つ目は「読む力」もしくは「聴く力」。相手を受け入れる、知ることです。次に「話す力」伝える力です。そして「考える力」。最後に「時間力」時間をコントロールする力です。ウイークリーを続けることでこれを身に付けてほしいのです。

社長講話の一コマ　店長会議（要約）

二〇一三（平成二十五）年七月、知命塾にひき続き店長会議が開かれた。その時の福嶋社長の講話は、要約（約二十五分）しウイークリーの課題として全社員に配られた。店長に向けて社長がどういう話をしているのか、それを見て社員はウイークリーを提出する。

筆者にもＤＶＤを送っていただいたので、ここに要約を紹介します。

管理者と経営者

「企業（会社）は人なり、店舗は人なり」とよく言いますが、この「人」とは誰ですか。社長も含まれるでしょうが、一般的には主に従業員さんのことを指すと思うんです。

それは僕の考えと大きく違う。僕は、会社は九九％社長で決まる、店舗は九九％店長で決まると思っています。だから、この企業（会社）は人なりの「人」は社長であり、店舗は人なりの「人」は店長だと思うんです。

店長が変われば店舗は変わります。実際、今までも店長が代わることで、店舗は変わっています。「人」とは従業員ではない。店舗は店長、会社は社長、うちで言えば僕の責任です。

企業は人なりの人とは誰ですか？　と話す福嶋社長

という覚悟を持つのが経営者だと思うんです。

これを売り場に置き換えても、問題は従業員やパートクルーさんの問題ではないんですね。自分自身だと思ってください。そこが非常に重要な点です。もしうまくいっていないのであれば、九九％自分の責任と思って考えてみてください。

言語明瞭化訓練Aに表現されていない大切なもの

管理者の在り方を簡潔に述べている「言語明瞭化訓練A」を読みながら、いくつか言葉として表現していない大切な点があると感じています。感謝するとか、詫びるとか、低姿勢でモノを見るとか、威張らない、目線を合わせて話を聞くというようなことです。これらは非常に重要なことです。

「リーダーシップ三誓」にある、人への思いやりが表現されていないと思っています。

また、現場に行って時々感じることがあるんです。僕自身もそういう時があるかもしれませんが、リーダーがやってはいけないことをやったりしている。店舗で言えば、そこにいないクルーさんや辞めたクルーさんの悪口を言う。店長自身が不幸な顔をする。これは絶対にしてはいけない。そういうことが書いていないですね。人は、悪気はなくても無意識の中でやってしまうことがあります。よく考えてみてください。

ノブレス・オブリージュ（高貴なる者の義務）の話を以前したことがありますが、リーダーの責任は、何があっても危険の中に先頭に立って行く覚悟がなければなりません。

それに店長は、会社のお金を使う裁量権を持っています。無駄なお金を使っていないか、生きるお金の使い方をしているか、これらのことも「言語明瞭化訓練A」には入っていませんね。

トップリーダーになろうと思うなら、「何とかバカ」と言われるくらいでないといけない。あいつにこれをやらせたらバカみたいにやる。一つのものに突っ込む姿勢は絶対に必要だと思います。

それと仕事は趣味であると思ってほしい。これは経営者と管理者の根本的な違いだと思います。「仕事が趣味だ」と堂々と言えるくらいになってほしい。そう思えたら幸せですよ。ワンステージ上のリーダーになれると思います。

（「言語明瞭化訓練A」「リーダーシップ三誓」は人材育成の株式会社アイウィル創業者、染谷和巳先生が管理者のあるべき姿を簡潔にまとめたものです。）

志・使命感を部下の誰よりも強く持つ

これが非常に重要です。部下にも志・使命感を持っている人はいると思います。しかしトップリーダーであればあるほど、誰よりも強い使命感、志を持つということです。それが管理者と経営者で述べた「自分の覚悟」になるかもしれません。

強さ＝力

「強さ」ということの重要性を話したい。

リーダーとして、部下への思いやり、優しさ、気づかいなどは、当然のこととして大事です。それがなければ人間失格ですね。それを大前提にしての話です。

店舗を守る、部下を守るという時には、勝たないといけない。勝つと言うことはしっかりと黒字にするということです。強さとは力があるということです。店舗は店長しだいですから、店長が強くならないといけない。では店長の力とは何か。

一つ目は仕事の「能力」です。自分は勉強が苦手なんです、数字が弱いんです、知識がないんですと平気で言って自分でそれを認める店長は、強くなるはずはないと思いませんか。

自分の能力を高めていくことが重要だということです。

二つ目は「知力」です。多方面にわたって勉強をしなければ知力は身につきません。勝つためには、力をつけるためには、勉強をしなければいけないということです。

三つ目は「体力」です。あまり言われないけれども重要です。体力がないと強い精神力が出てこない。

能力、知力、体力・精神力を高めていく努力をしましょう。高めていくと強くなります。強くなると勝てます。勝つと言うことはしっかりと黒字化できるということです。

店長にその「覚悟が欠落していたら、その店舗は伸びないですね。甘さが残っていないかをチェックする。そして自分は、まだ原石なんだと思って努力する。

そこで何より大事なのは知行合一です。行わなければ、どんないい話もないと同じです。一週間も経ったら忘れています。ノートの書き方を話しましたね。いい話を聞いたと思ったら、それに対して自分はどういう行動をとるのか、そのアクションを書くのです。

大事なのは知行合一です。

ただ一人

ただ一人、だと思ってほしい。

みんなの意見を聞くというのは、非常に重要です。周りの意見を聞かなければ、独断することになるからです。部下が上司に話ができない状況をつくることも良くないと思います。独断するとミスを起こします。

ただここで重要なのは、周りが言うこと、やることは正しいかということです。実は正しくないケースのほうが多いんです。誰もが言ってることは、むしろ間違っているケースが結構多いんですね。

ただ一人と言ったのは、何かを決定する場合、そのことに関して店長が一番、深く、本気で、長く考えなければならないということです。

人の話を参考にする気持ちでいると、考えが浅くなります。「ただ一人」だと思って考えるとアイディアが出てくるんです。そのうえで意見を参考に聞くんです。独断ではなく独裁するのです。

最後に判断するのは、ただ自分一人、だから独断ではなく独裁なんです。

それが管理者と経営者で話した覚悟につながっています。それを店長の心構えとして持ってほしい。全ての業務、全ての責任は、店長「ただ一人」の覚悟を持つことです。

「リーダーシップ三誓」の3より

3に「……また毎日部下の名前を呼んでコミュニケーションをはかります。部下の私生活の面まで思いやり、共に喜ぶ関係を作ります。」とあります。

長いこと一緒に働いてくれたクルーさんが辞めるとか、社員が一身上の都合で辞めるとなった時には、僕自身も非常に残念だと思うし悲しくなります。

でも一身上の都合という理由はありません。辞めるには明確な理由があるはずです。「リーダーシップ三誓」を読み「そうだよな、ちゃんとやっていたら一身上の都合などと書かれるはずがない」と思ったんですね。

「一身上の都合などは受け付けない」と言えるくらいに部下と接してほしい。そうなればチームを強くすることにもつながります。

店長の仕事

店長の仕事は、店の利益をしっかりと上げることです。

もう一つ、大事な仕事があります。店には自分よりも、年上の社員やパートクルーさんがいると思いますが、そういう人達に凄いと思ってもらう関係を作り上げるということです。
例えば、二十歳も年上のパートクルーさんから、今度の店長さんはすごい。もう少し早く会っていたら、自分の人生も少しは変わっていたのにと言わせるくらいな店長になってほしいのです。

それは、店をオペレーションすることでも大切であり、店長としての重要な一面です。アルバイトの学生が卒業して他の企業に就職した場合でも、何年か経って「今の自分の仕事観は、アルバイトであの店長から教わったことで身についたんだ」と言わせるくらいのリーダーになってほしいのです。

その覚悟を持つことは、非常に大きな意味を持ちます。そういう店長になれると思うことで、力のある店長、人間になれるからです。

店長は部下に仕事のやり方を教えるだけではないんです。それ以上に、仕事の向き合い方、人間としての生き方を伝えていくことが大切なんです。

年齢は関係ないんです。自分が苦労したこと、勉強したこと、人の体験でも自分が感動したこと、自分が思っている物事の考え方などを伝えて立派な部下を育てていくのです。

誇りの持てる人間、立派な人間、立派な日本人、誇りある日本人を育て輩出する使命を店長は持っているのです。その覚悟をしてもらいたいですね。

そういう考え方で仕事に向き合うと、先ほど述べたように仕事が趣味になり、仕事が面白くなっていきます。そうなれば、勝てる強い人間、店長になれます。

僕も自分の置かれた立場で努力しているつもりです。ぜひみんなもそう思ってやってください。そして強いベストバイを作りあげていきたいと思っています。

「社長・福嶋の、今朝のひと言‼」ちょっぴり紹介

すでに七年七ヵ月以上も続けている福嶋社長の「今朝のひと言」、ほんのちょっぴり紹介します。最初の『はじめての一歩は怖くて楽しい』を除いて、紙面の関係で短くしてあります。福嶋社長が伝えたいと思うことを感じとっていただければ幸いです。

『はじめての一歩は怖くて楽しい』

「こと」をはじめる時、それがどんなことでも初めてであれば、それは怖いものです。

怖いといっても、ドキドキして怖かったり、照れくさくて怖かったり、結果を気にして怖かったり・・といろいろでしょう。

でもこの一歩を踏み出すことがすごいんです。たとえ、他人から冷やかされそうで照れく

さくても、結果的にうまくいかなかったらいやだなと思ったりしても、あなたが「すべきこと」だと思うのであれば、是非そのはじめの一歩を踏み出してください。

はじめの一歩はなかなか思うようには行かないものです。でも一歩踏み出したことによって、次の二歩目は少しだけ楽に踏み出せます。一歩を踏み出し二歩踏み出せば、三歩目四歩目はそんなに大きな覚悟がなくても踏み出すことができるようになります。

そうしながら気がつけば、一〇〇歩も一〇〇〇歩も歩いているのでしょう。そしてすごい距離を歩いている自分に気がつきます。

はじめの一歩の意味は大きいんですよ。

これってすごいことですよね！

できんかった「こと」が、できるようになっている自分を「すごい」と思ったりするかもしれません。

そうなんです。はじめの一歩は怖いけど、でもその怖さの向こうにあるであろう「すごい」ことを想像してみると楽しいものです。

どうです、はじめてみませんか！　はじめの一歩を!!

『優れた人は自ら考える』

伸びる人、優秀と言われる人は、ただ上司の指示を待つのではなく、自らの責任として必死で考えている人達です。

『「思い」の力』

純粋な「思い」は、どんなに優れた知性や能力にも勝る。それが「他の誰かのため」であれば、なおさらそのパワーは増し、周りの人は自分の味方になってくれる。

『何かあると口ずさむ言葉』

苦しい時、言葉によって励まされることがあります。あなたは、自分が苦しい時口ずさむ言葉を持っていますか？　人間はそれほど強いものではありません。苦しい事、悲しい事、辛い事は誰にでもあります。そういう時、口ずさみ自分を勇気づけてくれる言葉を持っておくことです。ちなみに僕は「憂きことの　なおこの上に　積れかし　限りある身の　力試さん」を口ずさみます。これは、自分がまだ幼稚園だった頃から、父親が常に言い聞かせてくれていた言葉です。その頃から意味もわからず口ずさんでいました。父は私の名前「進」のように、何があっても前向きに生きろと教えてくれていたのでしょう！

『己に誇れ、己に恥じよ』

自分に「誇り」を持つことは大事です。あなたの「誇り」は何ですか？　人間は正しく、立派な誇りを持つほど良いでしょう。その為に、自分の信じた道を歩く必要があります。何人かの偉人の言葉を紹介します。坂本竜馬「世の中の　人は何とも言えば言え　我成すことは　我のみぞ　知る」。山岡鉄舟「晴れてよし　曇りてもよし　不二の山　元の姿は　変わらざりけり」。勝海舟「行蔵は我にあり　評価は他の人の仕事　我の知らざるところなり」。吉田松陰「汝は汝たり　我は我たり　人こそ如何とも　言え」。どれも自分に誇りを持ち、堂々と生きて行く、という覚悟を感じます。何度も繰り返し読んで下さい。

『小さなことほどきっちりと』

凄い人、誰からも高い信用を得ている人は何が違うか。それは、小さな事を、沢山ちゃんとしているだけ。特別誰もできないようなことをしているわけではない。当たり前のことを沢山きっちりやっているだけ。時間を守り、約束を守り、誰でも出来る小さな事を、誰もが出来ないくらいにちゃんとしているだけなのです。

『自己教育』

「自己教育」こそが、自分を成長させる唯一の方法です。どんなに素晴らしいことでも、そこに「学ぶ」という強い意識と、それを「実践する」という行動が伴わなければ、出てくる結果は大きなものではないでしょう。人間は、何かの切っ掛けで「目覚める」時がありま す。その時が「自己教育」のチャンスです。自分から「学びにいく」のです。「学び取る」「知識・技術を盗み取る」「身に付け、自分のものにする」のです。「自己教育」には「教えてもらう」よりも何倍も「強くて・熱い」成長欲が必要です！

『小さい組織で人は育つ』

「小さい会社は社員の力に頼るしかない。経験不足の社員でも、肩に重い責任がのしかかる。社員はフーフー言いながら仕事をする。能力以上の仕事をする。人が少ないから、苦手なことでも知らないことでも何でもさせられる。またまた能力が伸びる。自信がつく。こうして誰もがなくてはならない人材に成長する。小さい組織は人材がいないので、人より少し努力をすればすぐに幹部になれる。」（染谷和巳氏の著書より）。全くうちのことを言っているようだ。入社3年目の社員、今管理者になろうと休みの日だって仕事関係の勉強をしている。努力している。頑張れば、若くても入社歴が浅くてもチャンスはある。小さい組織だから人は早く育つ。

『アシタヘデンキ』

「もったいない」をコンセプトにした、新しいリユース・リサイクル店がスタートしました。一般消費者のところではなく、メーカーや問屋、販売店にて不良品、キズあり、返品等で埋もれてしまって、世の中に出ない商品たちにスポットを当てて、これらに少しの手を加えて流通させ、利用してもらうことを目的として立ち上げた、ニューコンセプト店です。埋もれているモノ達に明日への希望を与え、活躍の場を提供する。また手を加えたモノを販売している我々やそれを購入するお客様も、そのモノ達から希望を与えられる。明日へ希望を繋ぐ。だから「アシタヘデンキ」なのです。家電中心ですが家具も、衣類も、雑貨もあります。生まれたばかりの「アシタヘデンキ」これから育てて行きます！

『リフレーミング』

「美点凝視」今、社内の流行り言葉です。人は褒められると気持ちがよくなり、褒めてくれた人との間に信頼関係が生まれてきます。叱って、けつを叩いて指導しても、一時的には出来ても、なかなか続きません。美点凝視で褒められると、モチベーションが上がり、自主的にもっと頑張ってみようと考えるものです。そのために、「リフレーミング」が必要です。相手への見方を変えるということです。例えば、「わがまま↓意志が強い」「神経質↓細かいところまで気が付く」「鈍感↓おおらか」「気が短い↓決断力がある」「臆病↓慎重」などなど。しっかりと相手を見て、これを使いましょう！

『行き当たりばったりがいい』

他の成功事例を研究し、集めるだけの情報を収集して、入念な計画をしても、いざ実行してみると何が起こるかわからない。そこは「行き当たりばったり」で対応。問題が現われた時「目指す目的」をぶらさず「瞬間的に必死」になるのです。この「瞬間」に、全エネルギーを集中させるのです。目の前に問題が現われた時「瞬間的に、全エネルギーを集中させ、必死に考えて・・」。これが「行き当りばったりがいい」の本当の意味なのです。

『物事にはタイミングがある』

全てのことにはタイミングがある。いくら頑張っても、努力しても、タイミングが合わずいい成果が得られないことがある。怠けているのでもなければ、努力不足でもない。好機が、今、訪れていないだけなのです。成功の為には、勇気をもって好機を待つことです。忍耐強くタイミングを待っている間も、変わらぬ努力は続けるのです。チャンスが訪れた時、全力を出し切れるように。行動しているときは常に思考し、好機を待っている時は常に行動を考えている。これが重要なのです。

『一沈一珠』

「いっちんいっしゅ」と読みます。「海女さんは、いったん海に潜ったら、どんなに息が苦しくなっても、一個の真珠貝を見つけるまでは絶対に上には上がらない」という意味だそうです。我々は、自分の中でいろいろな目標を決める。そしてそれに向かって頑張る。しかし途中で壁にぶつかると、時々はそこで諦める。そんな時この「一沈一珠」の言葉を知って、実践しようと考えると、もっと頑張り続けることができるだろう。

『今、心配なことは・・』

買取王国が関西に出店を始めて、そのスピードを上げてきている。トレジャーファクトリーが関西出店を本格化しはじめた。今、僕が心配するのは、競合他社が、どんどん攻めの姿勢で我々の地盤に食い込んできていることではない。彼らのチャレンジ精神が心配なのではない。我々の中にある、アンチャレンジな空気、慎重すぎる空気、失敗を恐れて積極的に動けない何か？　を心配する。これを解消するには、一日も早い業績回復と目標数字の達成しかない。各人の熱意と本気と成長に期待する。

『やっぱり自分の心が決める２』

「発心、決心、持続心」という言葉がある。発心とは、自分の気持ちを奮い立たせて、やる気をみなぎらせることです。決心とは、発心し、やるぞ！　と自分で決めたことを実行することです。そして、心に決めて実行したことを、続けること。これが持続心。我々は、発心し、決心はするが、持続できないことが多いのではないだろうか。実は、この持続心が一番難しいし、一番大切だと思うのです。この持続心を養うのも、また自分の「心」がそれを決めるのです。「人は心で思う通りの人間になる。心に思うことは何物にも勝る」……ですね。

『人材と人財と人物』

店舗などで人手が足りないことを、人材が足りないと言います。しかし人数はいても、任せられる人がいない時、人財が足りないと言います。人財と言われる人とは、努力家であり、能力・技術を身に付け、与えられた使命を全うしようと頑張る才能を身に付けた人のことを言います。そんな人は、大いなる働きを周りから期待されています。あなたは人財ですか。

人財になろうと努力していますか。同じ仕事をするなら、人財と言われる人になってみんなの役に立ちたいものです。そして、その上で人物を目指しましょう。

『過去が咲いている今……』

個人面談初日を終えて……。初日を終えて感じたことは、各人が「今」を真剣に生きているということです。仕事についても本気で取り組んでいるし、プライベートに関しても未来に夢を抱いて、明るい将来を見ているのです。僕の大好きな言葉に、陶芸家・河合寛次郎氏の「過去が咲いている今、未来の蕾でいっぱいな今」というのがあります。まさにこの金言を思い浮かばせる素晴らしい内容でした。

『教える、ということ』

自分の知っていることで、みんなの役に立つと思うことは、どんどん周りに教えましょう。部下を教育する、仲間に知識や技術を教える。惜しみなく持っているものは全て出しましょう。そうすることで、周りには感謝され、尊敬されます。それによって、みんなが成長する。周りのみんなの成長は自分の所属するチーム力を引き上げる。のみならず、人に教えるということは、自分はそこに留まらず、もっと先へもっと深く勉強し、自分も成長するということに繋がるのです。人に教えることで自分も成長しましょう。

『ベストバイのBHAG』

我々の「ビーハグBHAG（社運を賭けた大胆な目標）」は、「世界一のリサイクルビジネス会社を作る」です。外部の人から見ると、無謀とも、法螺とも思える、野心的でとてつもない大きな目標でしょう。しかし、我々は本気でここに向かって走っているのです。リーマンショック以降、内部の体力強化に注力した為、思い切ったBHAGを声高に言いにくかった。今、風向きは変わりつつある。今こそ「我々のBHAG」を思い出し、本来の元気を取り戻そう！　中村天風氏の言葉を参考にしたい。「新しき計画の成就は、ただ不屈不撓の一心にあり。さらばひたむきに、ただ想え、気高く、強く、一筋に」

第八章　ベストバイ経営思想の実践とこれからの十年

ベストバイの流儀

《行動方針》

我々は熱き想い、自信、
誇りをもって働く

《経営理念》

我々は永続的に
スマイルビジネスを追求します

《企業ビジョン》

我々はリサイクルを通じて世界一
〝感謝〟を頂ける企業を目指します

感　謝

顧客満足度の最上級です
〜満足より感動を〜
〜感動より感激を〜
〜感激より感謝を〜

『ベストバイ語』〜いつも使う言葉たち〜

●元気様です

いつも元気、24時間元気。
「元気」「元気」と言い続けるから元気でいられる。

●明・元・素

いつも使おう「明・元・素言葉」
自分の口から出した言葉は、一番初めに自分が聞く。
だから、常に「明るく、元気で、素直で素敵な」言葉だけを使いましょう。

●長所伸展

人も、自分も、仕事も、良いところだけにフォーカスしましょう。
良いところ強いところを伸ばせば、短所は薄れていきます。

●知行合一

知ったことは行動に移しましょう。行動に移して初めて知ったと言えるのです。

●事上磨錬

本当に人が鍛えられ磨かれるのは、ことが起こってそれに対応する時である。だから問題解決には率先して名乗り出ましょう。

●3KM

3つのK「個人・家庭・会社」と3つのM「Mark目標・Management管理・Motivation意欲」のことです。

つまり個人、家庭、会社の三者のバランスの取れた大きな目標を目指して、意欲に満ち溢れ、自己管理をしながら追い続けるところに、人間の真の幸せがあるという考え方なのです。

●基本動作

人が立派な人として守らなければならない、基本的な3つの動作その一、時間を守る。
遊びでも仕事でも、人は他人との関わりの中で生きている。
時間を守るのは最低限必要なルール、すべての行動は5分前行動で。

その二、約束を守る。
社会人として守らなければならないすべてのルールとマナーを身に付け実行すること。

その三、挨拶をする。
挨拶は先手必勝。される前に先にする。相手の心に自分の気持ちが伝わるようにする。「相手の心に伝わる挨拶」とは、普段から乱れた靴を直し、声を掛けられたら、正面を向いて目を見て「はい」と返事をし、誰に対しても「ありがとう」「お願いします」という、この様な心掛けが作り出すものです。

行動方針　日常の心得10ヶ条

一、笑顔と明るさを大事にします。
二、「お客様の幸せ」を全てに優先します。
三、あいさつは心からします。
四、自分の為に働きます。
五、新しい一歩を踏み出します。
六、学んだことは即実践します。
七、自分の可能性と競争します。
八、結果が出てこその努力と覚悟します。
九、『燃える闘魂』を持ち続けます。
十、ありがとうを言います。ありがとうと言われます。

ベストバイ10のお約束

一、「お客様のスマイル」を第一と考えます。
二、「ノー」と言わないベストバイです。
三、地域に頼られるベストバイになります。
四、今、ここで、自分がやります。
五、綺麗で、明るく、元気な店を作ります。
六、H・E・O、A・B・Cを徹底します。
七、お客様の不要になった宝を必要とする人に大切に橋渡しをします。
八、「もったいない」の心を地域に広めます。
九、利益を上げ、税金を払い、社会に貢献します。
十、この美しい地球を次の世代に残します。

注　H・E・Oは「光る床、いい笑顔、大きな声」の略で、掃除をきちんとやろうということで福嶋社長が考えました。接客の重要ポイントになっています。A・B・Cは、当たり前のことを、バカになって、ちゃんとやるということの略だそうです。

ベストバイ鉄板ルール

一、迷ったらGO！
一、返事は0.2秒！
一、頼まれ事は試され事！
一、出来ない理由は言わない！
一、今すぐやる！
一、出きるまでやる！

ベストバイ接客八大用語

「いらっしゃいませ」
「ハイ、かしこまりました」

「おそれいります」

「ハイ、少々お待ち下さいませ」

「お待たせいたしました」

「申し訳ございません」

「ありがとうございます」

「またお越し下さいませ」

それでは今日も一日、お元気様です。

海外戦略

十月にはタイのバンコクに会社を作ろうと思っています。アジア展開の手始めとしてやろうと思っています。日本の企業もたくさんでています。ただ飲食等は利益がでていますが、リサイクルビジネスは、まだちょっと早いと思っています。

五年後のアジアを考えると、十年後を考えると、今から種を蒔いて耕しておく必要があります。社内で心配する声もありますが、メーカーさんが、売れるかどうかわからないけど研究開発費を利益の十%とか二十%とかを当てています。

それと同じで、これは研究開発費としてアジアに投資する。失敗してもいいじゃないかという思いでやらないと、多分次なる新しい道は拓けない。

儲けた方がいいが、儲からなくても研究開発費だと思ったら、また勉強になると思ったら、必要だろうという話を社内でしています。

アジアの進出は絶対に必要だと思っています。五年後、十年後、アジアで展開しなかったら、大きくはなれない。

本当に日本の成功モデルをアジアで展開したら、大成功するだろう。日本のリサイクルは世界一ですから、世界一は決して夢でなくなります。

シンガポール、香港、アメリカ、タイ、インドネシア、ベトナム、オーストラリアなど、めざすは「世界一のリサイクルビジネス会社」です。

日本一になれば「世界一」

やるからには、どこかで一番になりたい。売上げ規模なのか、店舗数なのか、それらは別にしてやっぱり頂上をめざしたい。

経営者としての思いです。

日本の中で、リサイクルで一番になるということは実は世界一になると同じです。日本のリサイクル業というのは、断トツ世界一なのです。そのことは、僕の中でしかわかってないのかもしれませんが、アメリカやアジアで僕の知っている範囲でいろいろ調べてみても、日本の中古市場というのは断トツ一番なのです。

それは何より日本には、そういう文化があります。「もったいない」という文化です。それが日本には根付いていると思うのです。

アメリカは、中古品を自分でスワップミートとかガレージセールとかで売るという文化はすごく根付いていますが、でも組織にはなっていません。個人での売買はあっても、店舗としては不十分なのです。

そういうのを知っていると、日本の中でナンバーワンになるということは、世界一になるということになるのです。

どう言っても世界一の方が格好いい。

いいひびきが社員にも伝わります。

『やるぞ！　出来るぞ！　頑張るぞ！』十周年を迎えて（抜粋）

平成二十五（二〇一三）年五月二十二日の十周年に際して作成した十年史『ベストバイ走り続けた十年の記録　３６５０ｄａｙｓ』より。

笑顔が全てを可能にする！

いくら使っても減らない。コストも掛からない。なのに最大の効果をもたらすもの。それが、笑顔。お客様がニコニコ笑顔でいてくれて、その笑顔をエネルギーに従業員が笑顔で仕事ができる。そんな会社を創りたい。そして、地域社会に役立つ、地域にスマイルをもたらすビジネスをやりたいとの想いで、十年前リサイクルビジネスに参入しました。

略

私はとても運が良い人間だと思っています。今までも、そして今も、私の周りにいる凄い人達が知恵を貸してくれ、勇気を与えてくれ、一緒に悩んでくれました。その凄い人達とは、ベストバイの仕事を自分のことだと思って頑張ってくれました。その凄い人達は、ベストバイの社員達、そして多くのクルーたち、総勢三〇四人です。

十年前私と、妻の明子、それに数人の従業員でスタートしたベストバイ。一号店は良品買館・茨木店でした。そのベストバイは今、お陰さまでこんなに多くの店舗になりました。（直営店三十九店、ＦＣ店六十六店、二〇一三年五月十四日現在）そして多くの仲間が増えました。（社員一〇〇人、クルー二〇四人、二〇一三年五月十四日現在）本当に、感謝します。皆様のお陰で今まで頑張って来ることができました。

創業十周年を迎える事が出来たのも、総勢三〇四人、皆様のお陰です。本当に、本当に、有難うございます。

略

何があっても、スマイルだ！　笑顔だ！　やるぞ！　出来るぞ！　頑張るぞ！　とみんなでやってきたお陰で何とか切り抜けることが出来ました。

そして、その難局の節目、節目の度に、そこから新しい芽が出て、大きく成長して来たように思います。感謝、感謝、ありがとう、ありがとうの十年間でした。「笑顔」は最大の我々の武器だと知りました。「商」は「生」なり、「正」なり、「清」なり、「昇」なり、「勝」なり、そして「笑」なりと。「笑」は「商」を「勝」へ導いてくれることを確信しました。経営理念に掲げた「スマイルビジネス」、この追求が我々ベストバイをここまで成長させてくれました。この十年史刊行にあたり、古い資料に目を通しながら、今まで支えてくれた多くの人達のことを思い出し、感謝せずにはおられません。皆様に支えて頂き、後押しして頂いたこれまでに対して、御恩返しするためには、さらなる会社の成長しかないと考えております。改めて身が引き締まる思いでいます。

そして、これからの十年（『十年史』より）

我々ベストバイは、お客様の笑顔を追求するために、お客様が求めるところの「一歩先」を目指したサービスを追求して行きます。

我々ベストバイは、お客様、お取引先様、従業員、そしてベストバイと関係する全ての人が笑顔でいられる会社でありたいと思っています。

そうである限りベストバイは成長を続けるでしょうから。そして会社の成長とともに、社員も成長するでしょうから。

これからベストバイは、良品買館、キングラムに次ぐ三本目、四本目の柱となる業態を開発し展開していきます。将来柱となるビジネスモデルは、ひとつは古着専門店。これは今、先攻中ですが、良品買館から独立した古着専門店としてオリジナルブランドで展開していきます。そして次に、未使用家電のアウトレット販売店。これもオンリーワンの販売スタイルで全国展開を目指します。これら四ブランドの直営店の多店舗化と、フランチャイズ展開との両輪で成長を続けます。十年後我々が目指す四ブランド合わせての店舗数は、直営店二〇〇店舗、フランチャイズ店八〇〇店舗の合計一〇〇〇店舗です。

これから次の十年、我々は国内での多店舗展開はもとより世界に羽ばたいて出て行きます。今、シンガポールに、香港に、そしてアメリカにと事業拡大を目指してはじめの一歩を歩み始めました。これからはさらに、タイにインドネシアにベトナムに、そしてオーストラリアにと積極的に海外展開にも力を入れていこうと考えています。

これから次の十年も今までと変わらず「スマイルビジネス」の追求を続けて行きます。そして「スマイルビジネス」を通して日本一、世界一のリサイクルビジネス会社を創り上げます！　みんなが、ベストバイの社員であることに誇りを持って、ワクワク仕事ができる会社を創り上げるのが創業以来の私の夢です。これから次の十年で人が羨む会社を創り上げます。

みんなでこの夢の実現を、手に入れようではありませんか！

株式会社ベストバイ　福嶋 進

……感謝……

ベストバイ　これからの10年　数値目標

（単位：千円）

年　度	第12期	第13期	第14期	第15期
売上高	4,355,141	6,071,884	7,395,384	8,889,734
経常利益	368,187	491,061	634,239	797,932
店舗数	152	216	291	378

年　度	5年後	10年後
売上高	11,000,000	30,000,000
経常利益	1,100,000	6,000,000
店舗数	435	3000

（第12期経営計画書より）

あとがき——畏友進クン

皆様、この快男子福嶋進の話、面白かったですか。

愛媛県というと秋山好古、真之という快日本男児のことを思い出していましたが、その二人と似た所もあるが、違った所も多い福嶋進という男を、これから思い出すことになりそうです。

著者の表現が面白いのか、主人公が面白いのか、とも角沢山の人に、特に若い人に読んでもらいたい本だというのを、あとがきの第一声にしたいと思います。

旧友とか親友、また心友というい言葉がありますが、進さんについては「畏友進クン」というのがピッタリですので、そう書きます。畏というのは恐れるという意味もありますが、これから一体どこへ、どこ迄走り続けるのかと思うと、そういう意味での行き着く先の知れない、正に畏友なのです。

私の弟子というのは勿体ないことです。

昔「山口さんちのツトム君」という歌がありました。私はもう誰も建クンと呼んでくれる人がいなくなりましたが、私自身そう呼ばれただけで、その人との距離が近くなると感じますので、進クンの、この本について山本夏彦か藤原正彦風に「あとがき」というルールに縛られずに書いてみます。

縁《えにし・えん》という言葉の教えがありますね。「小才は縁（エニシ）あるを知らず、縁を生かさず。中才は縁あるを知り、縁を生かさず。大才は縁あるを知り、袖すり合う縁さえ生かす」という言葉。本当は違っていると思います。

袖すり合う縁とは、ほんのわずかな縁のことですが、そんな機会もきちんと生かすのが大才即ち立派な人ということですが、近藤流に言うと、これは間違いです。

人生で出会ったほんの小さな出会い、些細な出来事さえも活かせるような人だからこそ大才になって行くということです。

孤独で大人物になれるのは芸術の世界、特に絵画や彫刻等の特殊な世界のことであり、人との触れ合いなくして大人物になる道なんかないと思いましょう。

前置きが大変長くなりましたが、進クンとの出会いは平成十九年三月の武士道経営塾でした。十八名の塾生の中にいたんです。進クンが。

それ以来、武心教育経営塾（略して武心経営塾）と名前を変えてやった約二十回の塾に毎回参加してくれました。

一〜二回参加した多くの人は、いつも同じ様なテーマだろうと思うせいか、毎回参加してくれる人はほんの二〜三名。

社長の使命は立派な社員を育てることである。その自分が育てた社員を男の強さと優しさで守ってやれる力をつけなければならないと話をしましたら、本文にも出てくる通り、会社で社員研修道場を作り、毎月二〜三回社員と一緒に泊まり研修をずっとやり続けている男、それが進クンいや福嶋社長（と呼びたくなりましたので呼称を変えましょう）なんです。

私は塾生達に「感動なんて続かないんだ」と言っています。感動する出来事に出合えても、例えば平成二十五年九月一日、電車の線路内に倒れている人を助けようと、お父さんの「もう間に合わない」という制止も振り切って助けに飛びこみ、結局御自身が電車にはねられて亡くなられた村田奈津恵さんの事故。多くの日本人が、安倍総理迄もが感動し感謝をこめて紅綬褒章を送られた程の勇気ある物語。月日と共にあの感動だって薄れて行くんです。

感動を薄れさせない為には、日々感動のアンテナを磨いておくことです。それは「行動し続ける」ということによってしか、風化を防ぐ方法はないと考えます。

余談ですが、十年以上も前に、村田奈津恵さんの事故によく似た東京新大久保駅での転落者を救おうとして亡くなった李さん、関根さんの事件がありました。それ以来私は、強く決意しました。目の前で助けねばならない人がいたら私は迷わず助けに飛びこもうと。その機会はまだありませんが、その決意は日々新しく思い起こしています。

私の塾生も学んだ時には「よし、やるぞ」と叫ぶ。残念乍ら三ヵ月、六ヵ月と経つ内にその決意も忘れて行くもの、これが人間なんです。

武心経営塾は陽明学、即ち知行合一（知ったら行動せよ。知るは行うの始めなり）が基本。それを完全に生かしたのが、この本の主人公進クンこと福嶋進社長である。

塾生としての陽明学徒、畏友である福嶋社長の物語から逆に学ばせてもらいたいことが多く、面白い男だ、凄い経営者だと感じ入った人には、是非その真似をすることをお奨めしたい。その行動の早さ、継続力、真似る力は、これ位なら自分でも出来ると軽く考えて挑んで頂きたい。

皆様が経営者か幹部社員か、一般社員か、はたまた商店主か農業人かの地位、職種は一切関係ない。負けてたまるかの思いを持った第二、第三の進クンの出現を願いつつ、書きたい放題の「あとがき」とします。

平成二十六年一月十二日

武心教育経営塾　塾長　近藤　建

株式会社 ベストバイ

良品買館

ブランド＆ジュエリー専門店 キングラム

株式会社 ベストバイ

本　　部　〒 578-0951　大阪府東大阪市新庄東 5-25
[電話番号]　06-6744-9911

東京支社　〒 111-0053　東京都台東区浅草橋 3-18-1
[電話番号]　03-5809-3304

http://www.bestbuy-smile.biz/

福嶋 進（ふくしま　すすむ）

昭和32（1957）年6月生まれ。愛媛県越智郡大三島町出身。

今治市の高校を卒業後、大学に進学するもアルバイトに専念。

19歳、単身でアメリカへ。3ヵ月後、一生の恩人に出会う。

大学に通いながらガーデナーを開業。卒業後、商売も止めヨーロッパへ。ドイツに滞在後26歳で帰国。就職できずに露天商を始める。28歳福嶋屋として店舗展開。19年後将来を考えリサイクルビジネス業界への参入を決意。

45歳で㈱ベストバイを設立。10年で売り上げ40億円。

2022年までには内外合わせて1,000店舗を目指す。

その先に「世界一」の目標がある。

走りながら考える男
福嶋進 世界一を目指す

平成26年2月12日　第1刷発行

著　者　　斎藤信二
発行者　　斎藤信二
発行所　　株式会社　高木書房
〒114‐0012
東京都北区田端新町1‐21‐1‐402
電　話　　03‐5855‐1280
FAX　　03‐5855‐1281
装　丁　　株式会社インタープレイ
印刷・製本　株式会社ワコープラネット

乱丁・落丁は、送料小社負担にてお取替えいたします。定価はカバーに表示してあります。

ISBN978-4-88471-098-9　C0034